2008
汶川8.0级大地震

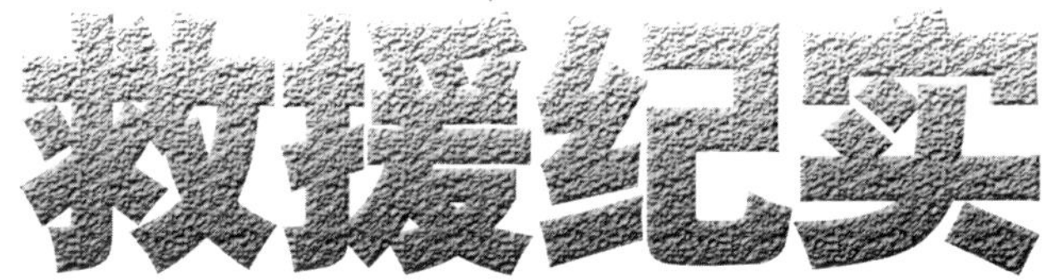

中国地震局

地震出版社

图书在版编目(CIP)数据

2008汶川8.0级大地震救援纪实 / 中国地震局.—北京：地震出版社，2008.7
ISBN 978-7-5028-3297-1

Ⅰ.2… Ⅱ.中… Ⅲ.抗震救灾—概况—中国—2008 Ⅳ.D632.5

中国版本图书馆CIP数据核字(2008)第092561号

地震版 XT200800097

2008汶川8.0级大地震救援纪实

中国地震局

责任编辑：江 楚

责任校对：王花芝

出版发行：地震出版社

北京民族学院南路9号　邮编：100081
发行部：68423031　68467993　传真：88421706
门市部：68467991　传真：68467991
总编室：68462709　68423029　传真：68467972
E-mail: seis@ht.rol.cn.net

经销：全国各地新华书店

印刷：北京鑫丰华彩印有限公司

版(印)次：2008年7月第一版　2008年7月第一次印刷

开本：889 × 1194　1/16

印张：7

印数：0001～2000

书号：ISBN 978-7-5028-3297-1/P · 1374 (4052)

定价：120.00元

谨以此书

深切悼念在“5·12”大地震中遇难的同胞

编委会

(本画册未注明出处的图片由国家救援队和各省救援队提供)

序

2008年5月12日14时28分，四川省汶川县发生8.0级大地震，这是新中国成立以来破坏性最强、波及范围最广、救灾难度最大的一次地震。

地震发生后，党中央、国务院和中央军委迅即决定，派遣国家地震灾害紧急救援队（以下简称“国家救援队”）连夜赶赴四川地震重灾区实施紧急救援行动。按照国务院抗震救灾总指挥部指令，国家救援队先后转战都江堰市、绵竹市汉旺镇、汶川县映秀镇、北川县城等4个重灾区48个作业点，历时18天，救援作业共216小时，连续作业120小时；成功营救幸存者49人，清理遇难者遗体1080具，协助指导其他救援队营救出幸存者12人，帮助定位36人，帮助四川武警部队清理出枪支76支、匕首35把、子弹数千发。与此同时，四川、重庆、江苏、海南、辽宁等19支省级地震灾害紧急救援队（以下简称省救援队）4000多人也立即赶赴灾区实施救援行动，并成功营救出幸存者322人。

在这次汶川8.0级大地震紧急救援行动中，国家和各省救援队始终牢记党和人民的重托和肩负的神圣使命，视人民的生命高于一切、重于一切，始终战斗在灾区最困难、最危险、最需要的地方。国家和各省救援队克服余震不断、天气恶劣、道路难行以及后勤保障难度大等重重困难，坚持科学施救，充分发挥专业化队伍的作用，共营救出371名幸存者。国家和各省救援队的专业素质、科学施救的理念，以及不畏困难、连续作战的精神，得到了灾区政府及人民的肯定和赞誉。

在圆满完成四川灾区救援工作后，中国地震局震灾应急救援司收集整理有关资料，编印了《2008汶川8.0级大地震救援纪实》画册。希望通过这本画册，反映国家和各省级救援队反应快速、善打硬仗、科学施救、坚持不懈、团结协作、不辱使命的出色救援工作，展现国家和各省救援队特别能吃苦、特别能战斗、特别能奉献，召之即来、来之能战、战之能胜的精神风貌。

编委会

2008年6月30日

汶川8.0级大地震受

久治县
阿坝县
红原县
松潘县
黑水县
茂县
汶川县
金川县
小金县
丹巴县
2008年5月12日
汶川8.0级大地震
都江堰市
彭州市
郫县
温江县
崇州市
大邑县
双流县
邛崃市
新津县
33°
32°
31°
102°
103°
104°
N
S
W
E
0
40
80
120 km

灾严重地区遥感图

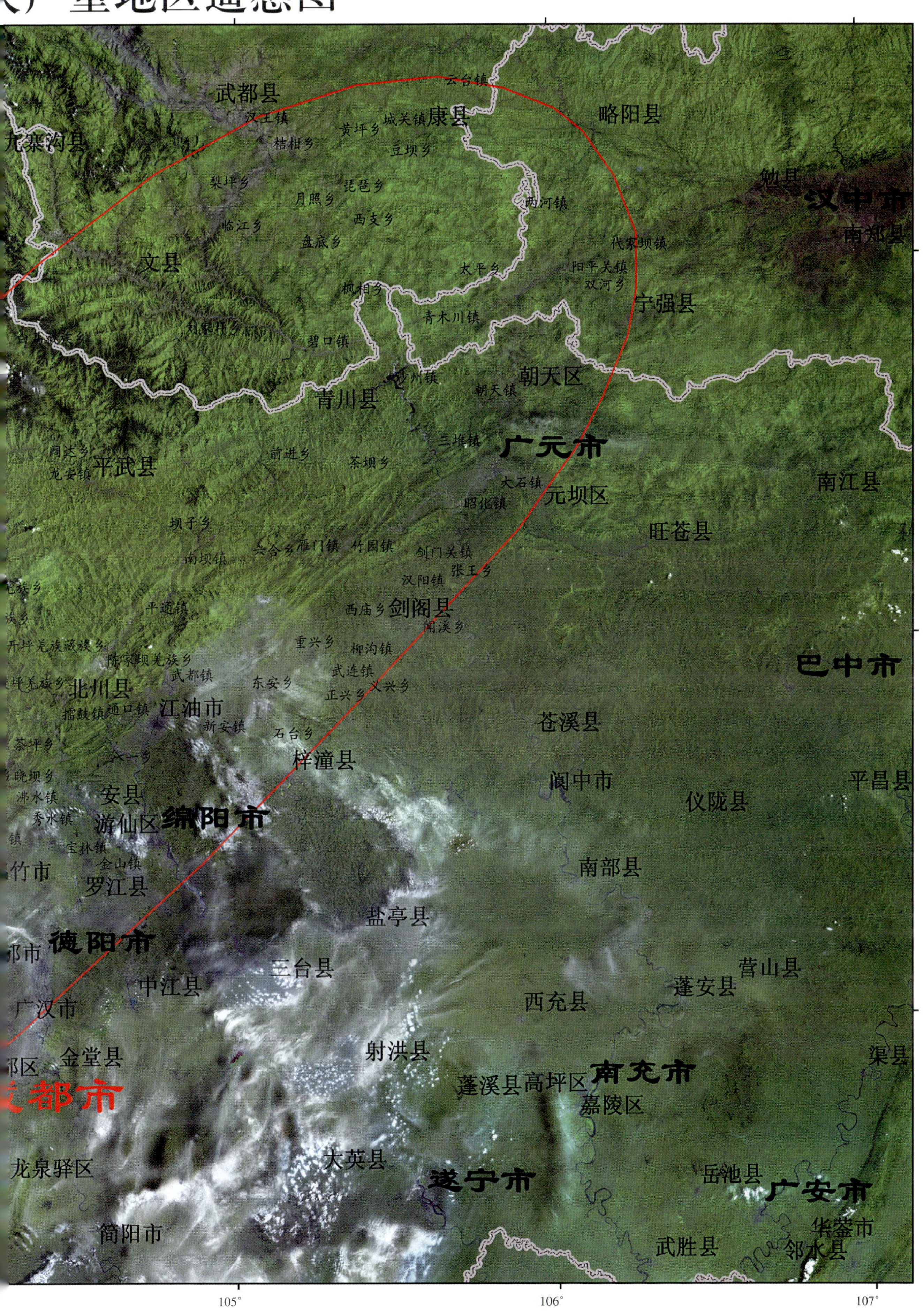

图例 震中 受灾严重地区 省界

北京 1 号小卫星震后影像镶嵌数据
由北京宇视蓝图信息技术有限公司提供

汶川8.0级大地震北川县城震前卫星影像

图像获取时间　2006年5月14日
数据由北京视宝卫星图像有限公司提供

汶川8.0级大地震北川县城震后航空影像

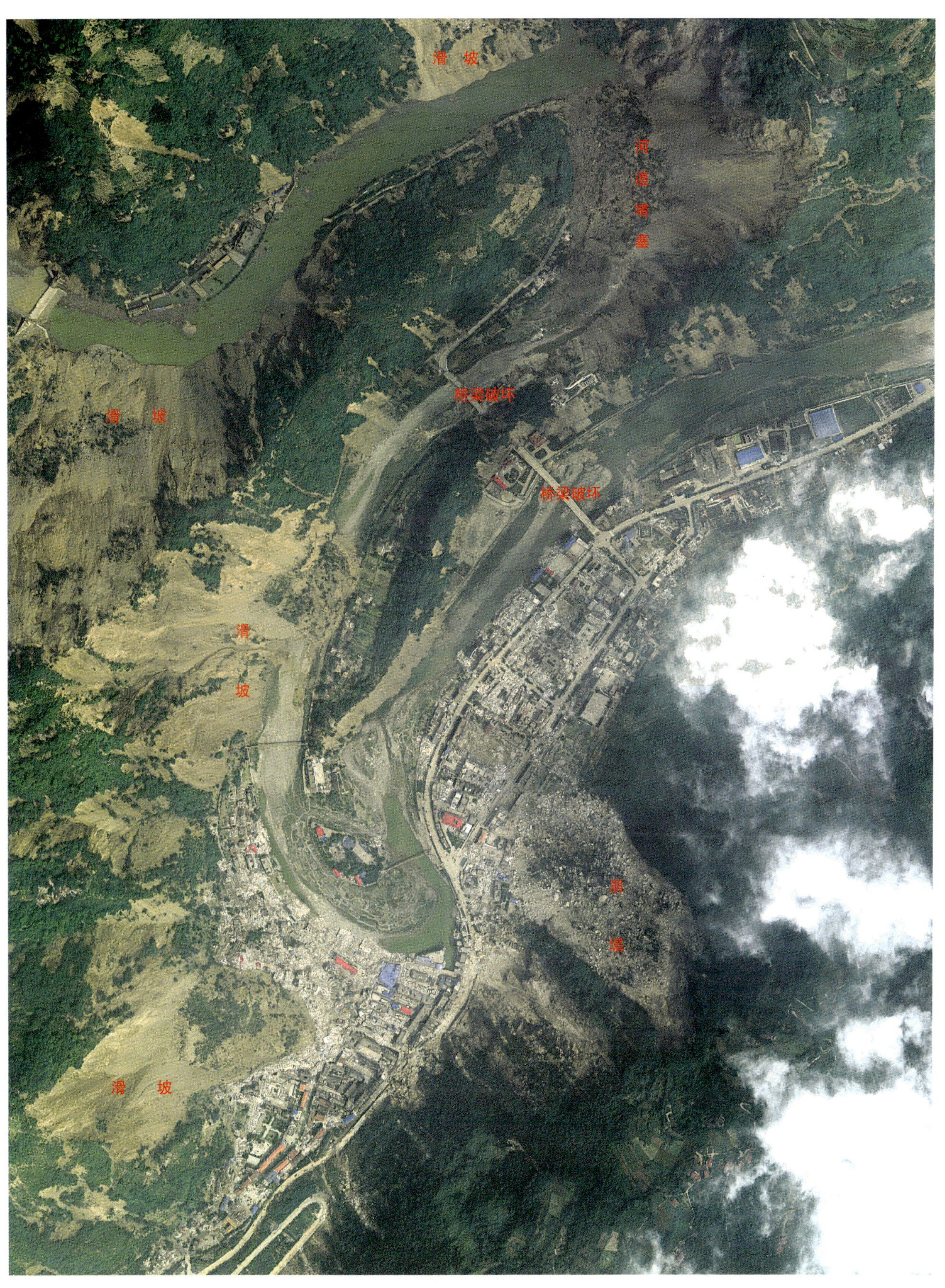

数据来源 中国科学院对地观测与数字地球科学中心
数据类型 航空影像
获取时间 2008年5月16日

中国地震局
中国地震局地震预测研究所 编制

目录

汶川8.0级大地震受灾严重地区遥感图

汶川8.0级大地震北川县城震前卫星影像

汶川8.0级大地震北川县城震后航空影像

地震灾害…… 1

紧急出动…… 9

都江堰市救援…… 15

绵竹市汉旺镇救援…… 23

汶川县映秀镇救援…… 51

北川县救援…… 61

医疗和保障…… 77

省级救援队…… 87

地震灾害

Dizhen zaihai

截至2008年7月1日12时，汶川地震已造成69195人遇难，374177人受伤，失踪18392人。因地震受伤住院累计96373人，共救治伤病员2427849人次。公路受损里程累计53295公里，已修通52357公里。主震区已累计监测到余震14946次。抢险救灾人员已累计解救和转移1472094人。

1. 巨大的滑坡体堵塞了交通命脉
2. 山川变色
3. 山体滑坡

1. 北川县城损毁的房屋

2. 巨大的滚石冲毁道路

3. 满目疮痍的北川

1 2
3

震后北川县城区

震后北川县城区

1. 北川中学屹立不倒的五星红旗
2. 震后映秀镇城区（一）
3. 震后映秀镇城区（二）

1. 绵竹市汉旺镇街道倒塌楼房

2. 震后都江堰城区

3. 被滚石砸坏的汽车

两层楼高的滚石

紧急出动

Jinji chudong

地震发生后，党中央、国务院和中央军委迅即决定，派遣国家救援队连夜赶赴四川地震重灾区实施紧急救援行动。

5月12日16时45分，国家救援队接到出发命令，18时全体国家救援队队员到达南苑机场。

1. 国家救援队迅速向机场进发
2. 国家救援队集结完毕，准备登机
3. 救援车驶入机舱

19时30分，所有装备装机完毕，20时两架满载救援人员和救援装备车辆的伊尔76大型运输机从南苑机场飞赴灾区。在飞机上，国家救援队召开会议，成立了由张明、尹光辉、侯世科等七位同志组成的领导小组，负责组织协调救援工作。

22时40分，国家救援队乘坐的飞机降落在成都太平寺机场。

13日0点30分，国家救援队赶赴都江堰市。

登机

1. 巨大的机舱拥挤而有序
2. 夜幕中抵达成都太平寺机场
3. 实时报道

1. 搜救犬小分队集结

2. 马不停蹄奔赴都江堰

1
2

在都江堰收费站研究救援工作

中国地震救援
都江堰市救援
Dujiangyan Shi jiuyuan

在赶赴都江堰行进途中，国家救援队接到了温家宝总理的指示，兵分两路，其中第一分队赶赴都江堰中医院和新建小学实施救援，第二分队赶赴聚源中学实施救援。

5月13日凌晨2点，第一分队到达都江堰中医院废墟现场开展营救。中医院四层的院部大楼全部倒塌。

5时57分，救出第一位幸存者陈道东。

1. 救援队在雨夜中抵达救援现场
2. 都江堰中医院救援现场（一）
3. 都江堰中医院救援现场（二）

1. 都江堰中医院救援现场（三）
2. 打开生命通道
3. 支撑起营救的空间
4. 迎难而上，决不放弃

6时40分，第一分队救出3名幸存者后完成在中医院救援任务，立即赴都江堰新建小学实施救援。

9时，温家宝总理来到了新建小学现场视察指导救援工作，向救援队作出重要指示："你们这支专业化救援队伍在这场地震灾害救援中发挥了重要作用，希望你们发扬不怕困难的精神，科学施救，能多救几个就尽量多救几个。""你们干得很出色，感谢你们，一定要将孩子安全地救出来。"

截至13日12时30分，国家救援队第一分队在新建小学和水电家属院共营救出包括李钥琦和赵其松在内的15名幸存学生和1名群众。

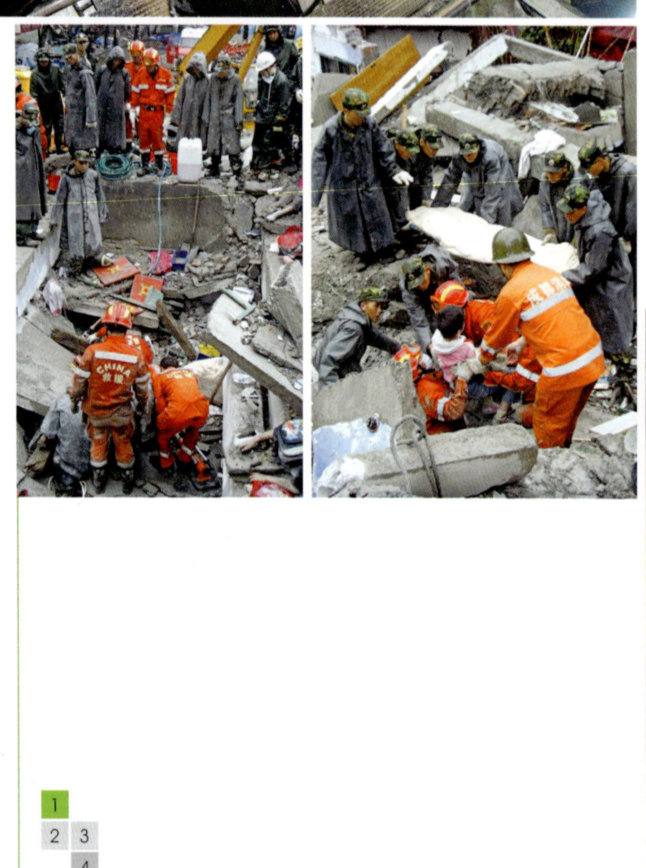

1. 雨中作业
2. 新建小学救援现场
3. 又一名小学生被营救出来
4. "孩子，你安全了！"

1. 聚源中学救援现场
2. 营救在重压下进行
3. 狭缝中的生命

勘查

1. 清理压在被困者身上的楼板
2. 安抚幸存者
3. 多次深入废墟施救
4. 聚源中学营救出第一位幸存者高颖

第二分队13日凌晨2点左右到达聚源中学实施救援。地震中，聚源中学四层教学楼向两侧垮塌，其上部高危塌落楼板随时可能在强余震中倒塌，情况非常复杂危险。主楼北侧倒塌埋压了多名学生，在当地救援人员协助下，国家救援队立即开展救援工作。

9时10分，在救出第一位幸存者高颖后，救援队员用4个多小时从侧面开辟通道，营救出3名女学生和1名男学生。

18时，在营救出24名幸存者后，国家救援队第一分队和第二分队按照国务院抗震救灾总指挥部的指令重新集结，立即赶赴绵竹市汉旺镇东方汽轮机厂实施救援。

1. 等待亲人的消息
2. 解放军战士维持救援现场秩序（一）
3. 解放军战士维持救援现场秩序（二）

绵竹市汉旺镇救援

Mianzhu Shi Hanwang Zhen jiuyuan

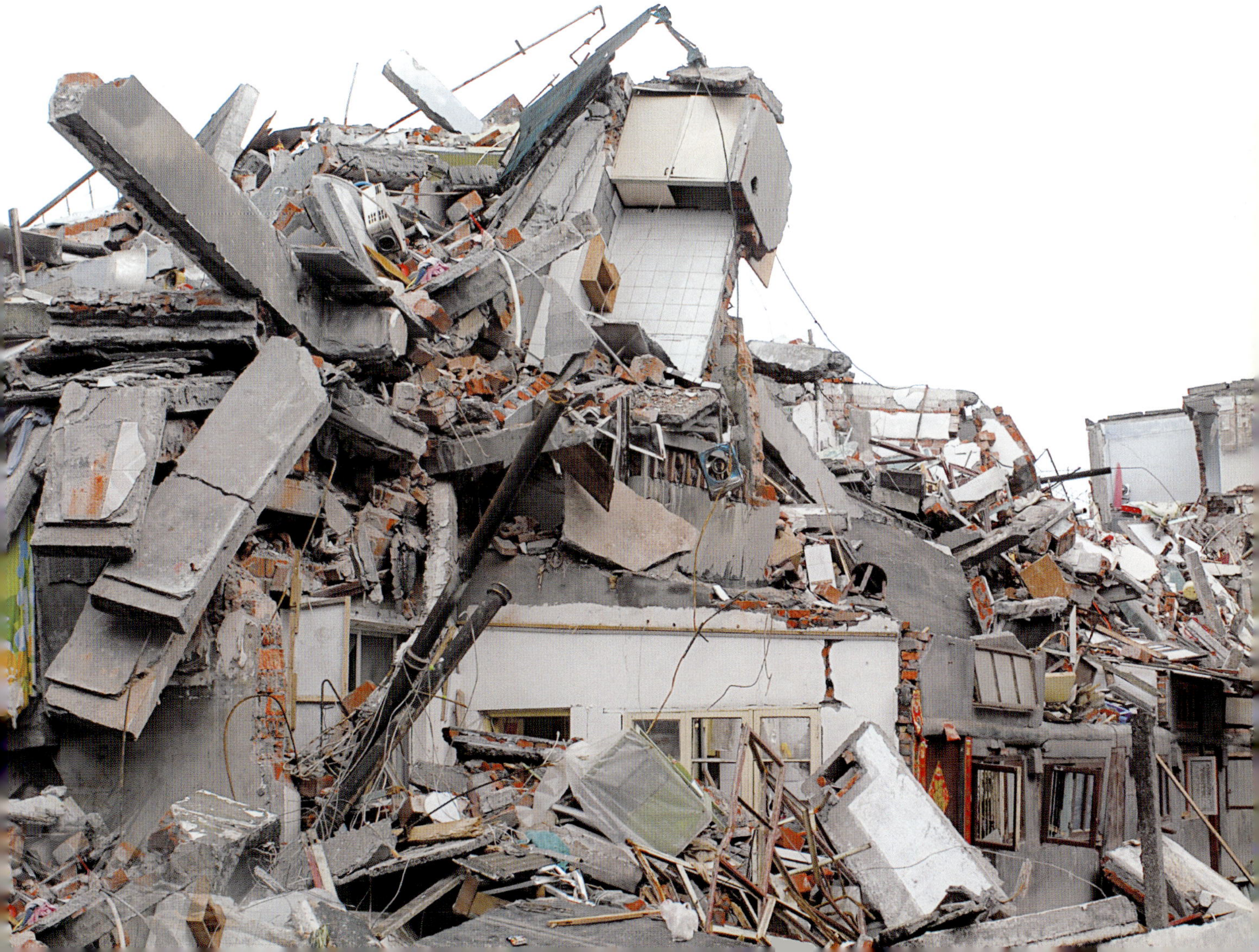

5月13日23时30分，国家救援队到达汉旺镇，立即兵分两路赶赴东方汽轮机厂和东汽中学实施救援。

14日0时，国家救援队第一分队开始了东方汽轮机厂叶片分厂办公楼内的救援行动。办公楼为4层砖混结构，中间会议室全部坍塌，两边的楼房一层被切断，主体向中间倾斜十几度，几近倾倒。在认真研究废墟状况后，第一分队立即展开救援行动。

5时24分，第一位幸存者东方汽轮机厂技术副厂长刘海波被救出。

1. 东方汽轮机厂叶片分厂厂房
2. 东方汽轮机厂叶片分厂办公楼
3. 了解情况

在救援过程中，中央军委副主席郭伯雄、武警部队司令员吴双战、中国地震局局长陈建民亲临现场指导救援工作。

经过近40个小时的连续奋战，国家救援队在东方汽轮机厂叶片分厂和电厂成功救出包括两名国家级专家在内的8名受困人员。

13日23时50分，国家救援队第二分队到达汉旺镇东汽中学。东汽中学教学楼主体大部分坍塌，两面倾斜的墙体和框架立柱高耸在废墟中，横梁、楼板、杂物相互交织，情况十分复杂危险。

14日6时40分，经过6个多小时的努力，第一位幸存者江涛成功获救。

经过30多个小时的奋战，国家救援队在东汽中学及东汽家属楼共营救出11名幸存者。

1. 跨过独木桥

2. 攀登

3. 搜索

1. "我们来了！"
2. 转运幸存者
3. 救出专家

1
2
3

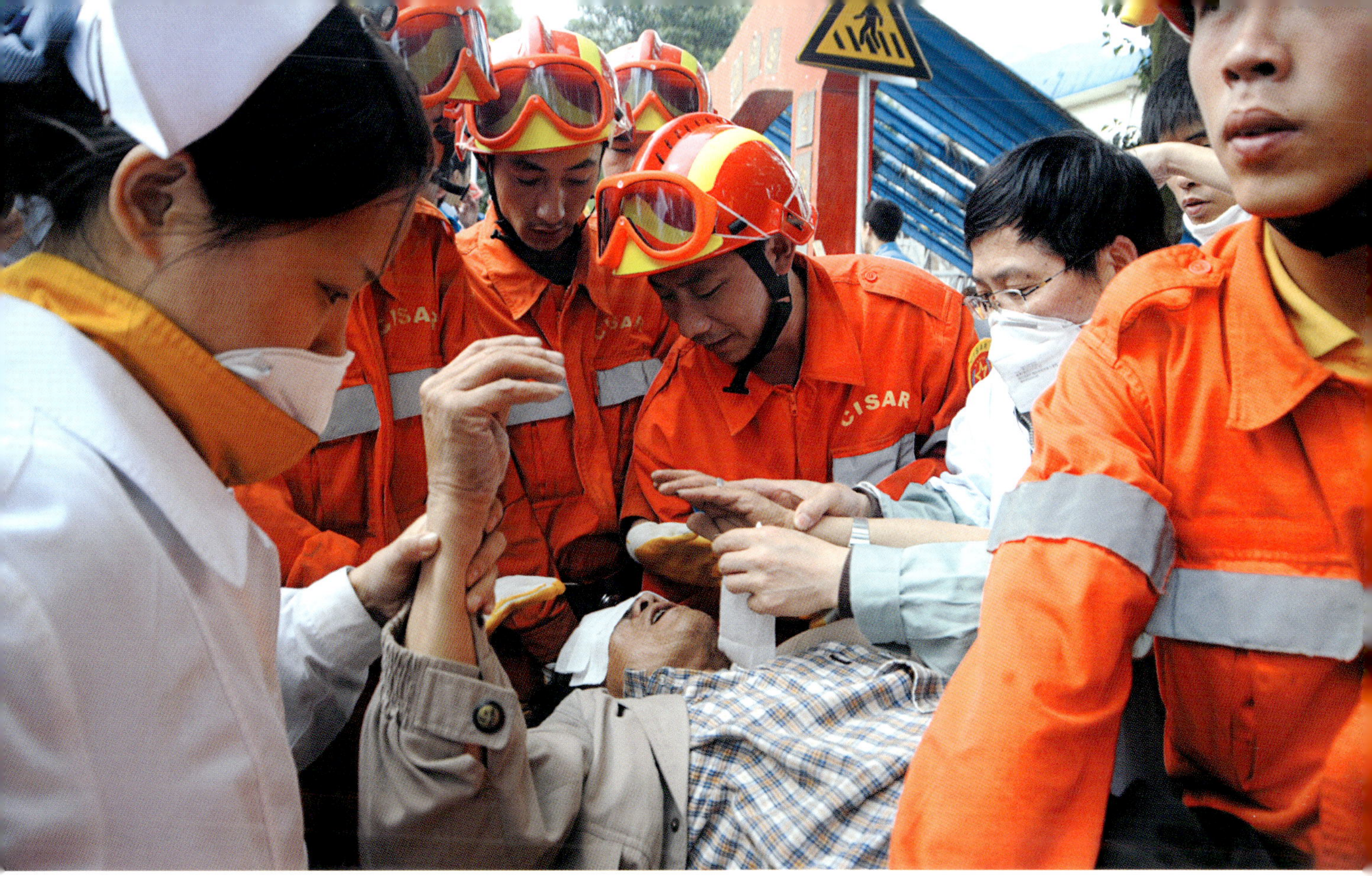

1. 现场对被营救出的专家进行紧急救助

2. 安抚幸存者

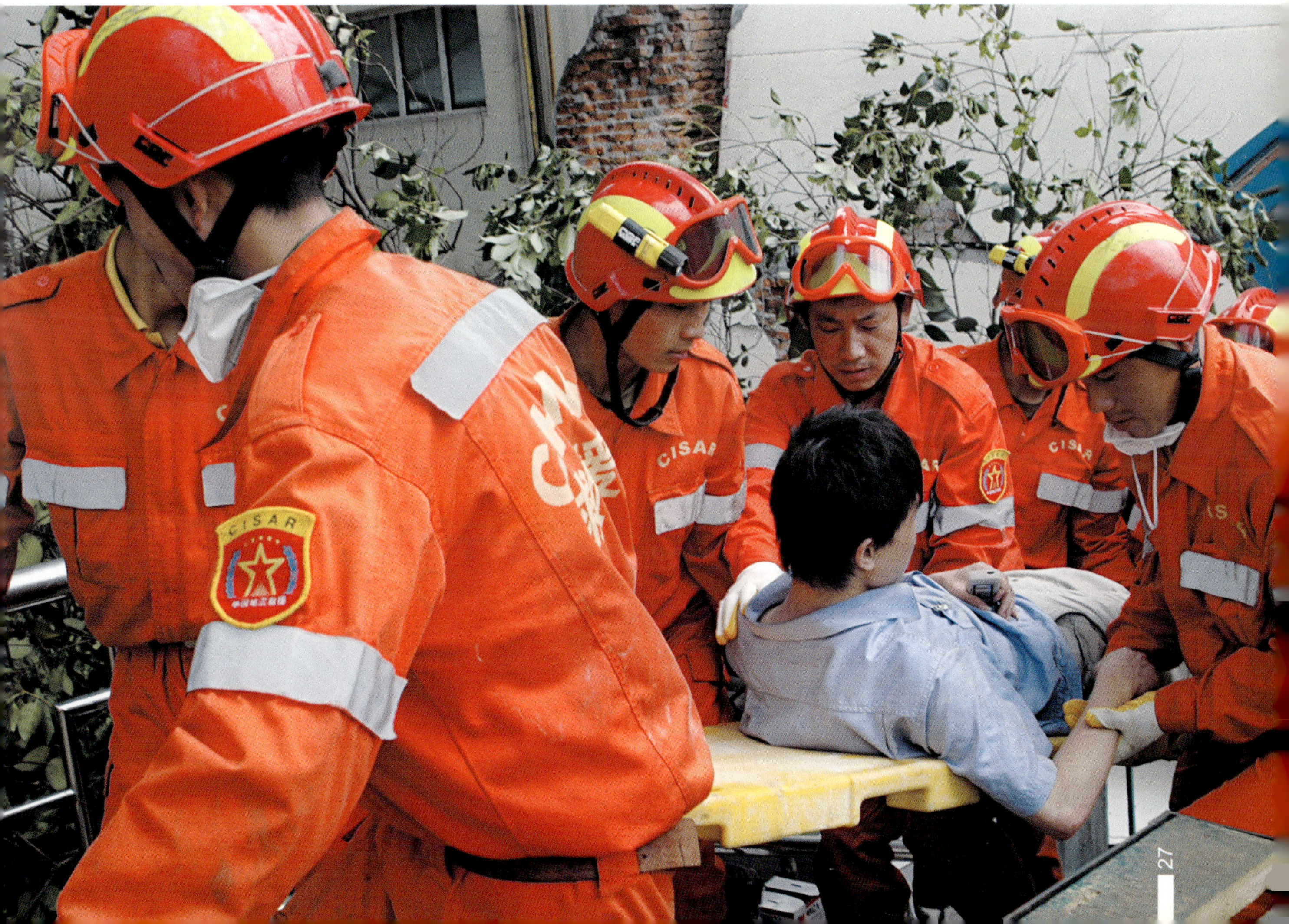

施救，重生

施救，重生

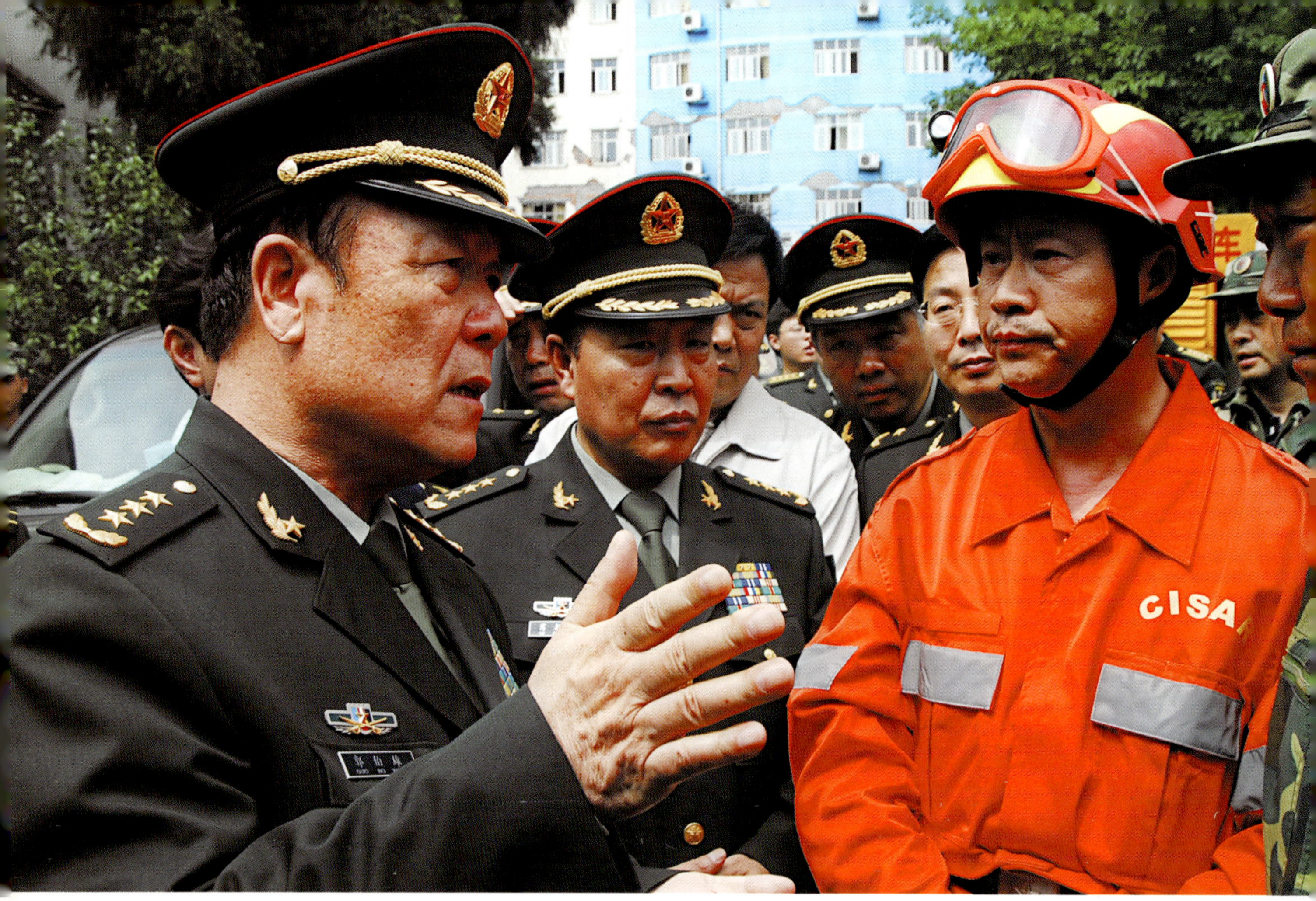

1. 5月14日下午，中央军委副主席郭伯雄指导东方汽轮机厂叶片分厂的救援工作

2. 5月14日，武警部队司令员吴双战指导东方汽轮机厂叶片分厂的救援工作

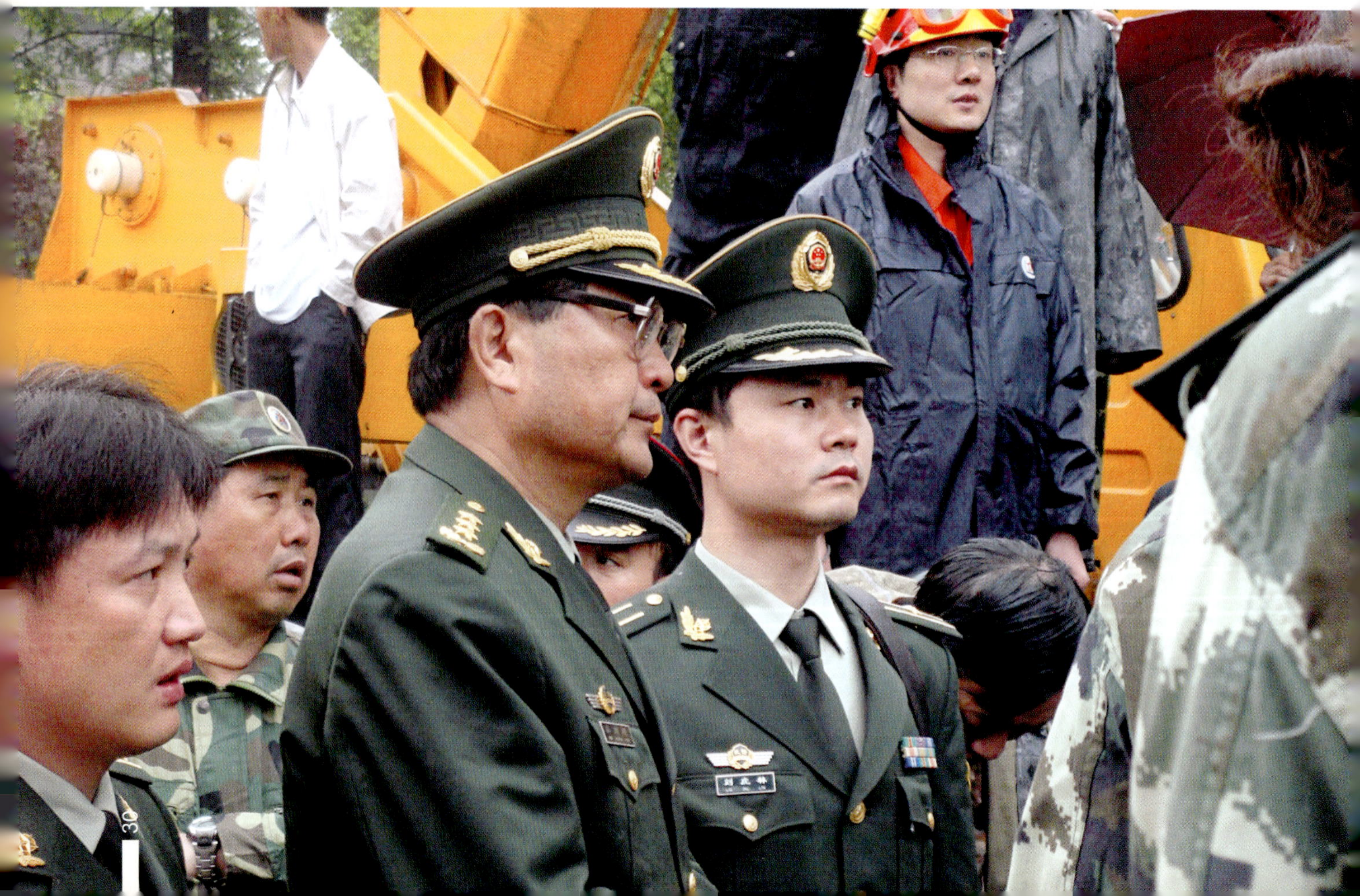

1. 5 月 16 日，中国地震局局长陈建民在东方汽轮机厂叶片分厂指导救援工作

2. 东汽中学救援现场(一)

1. 东汽中学救援现场（二）
2. 东汽中学学生家长介绍埋压情况
3. 现场分析

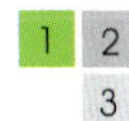

1. 用吊车清理废墟(一)
2. 用吊车清理废墟(二)
3. 现场紧急研究施救方案

1. 现场指挥
2. 协调统一
3. 清理废墟

1
2
3

1. 清理遇难者遗体

2. 搜救犬协同作战

探寻救援通道

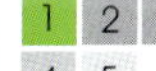

1. 一寸一寸地搜索
2. 齐头并进
3. 拆除障碍(一)
4. 拆除障碍(二)
5. 拆除障碍(三)

1
2 3

1. 切割
2. 众志成城
3. 制作简易支撑柱

1. 紧急转移

2. 紧急处置

托起生的希望

1. 稳，一定要稳！

2. 东汽中学幸存学生曹建强被救后感言："活着真好！"

3. 获救的马晓凤兴奋得跳下担架

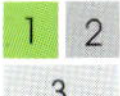

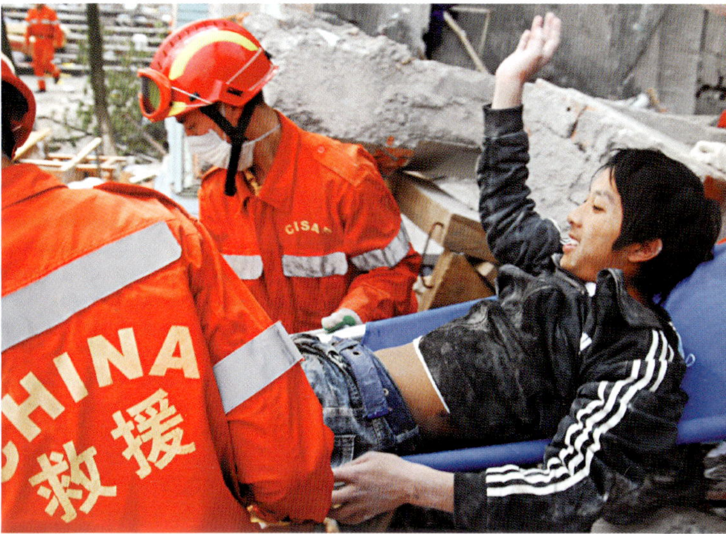

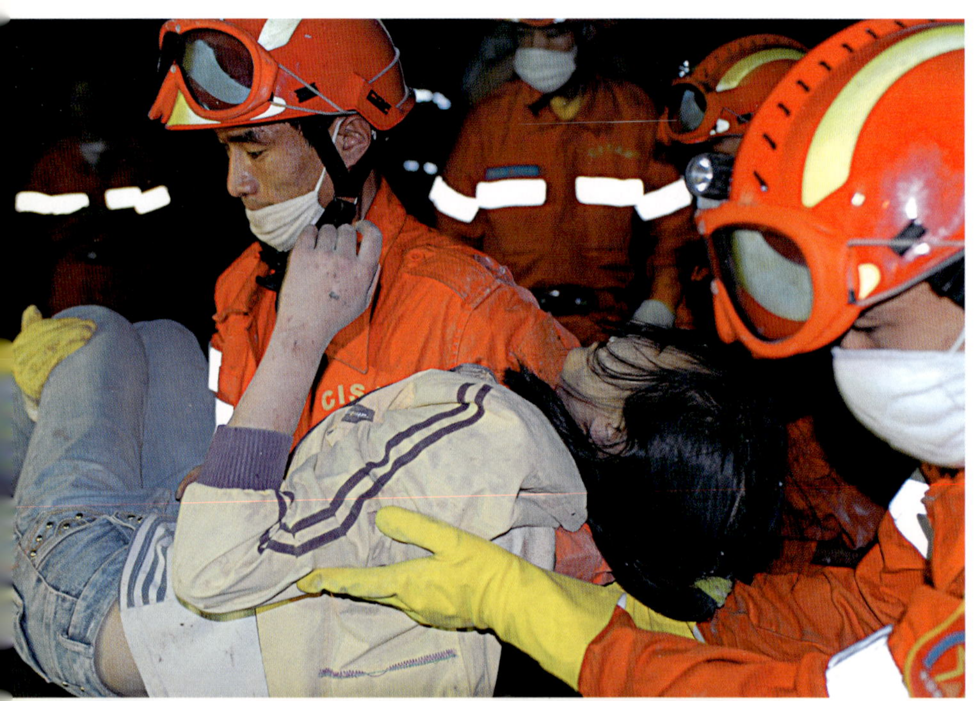

1
2 3

1. 为避免出现意外，救援队员抱起了马晓凤
2. "叔叔，我想喝可乐，要冰冻的！"这是救援队员与"可乐男孩"薛枭的约定
3. 为"可乐男孩"进行救助

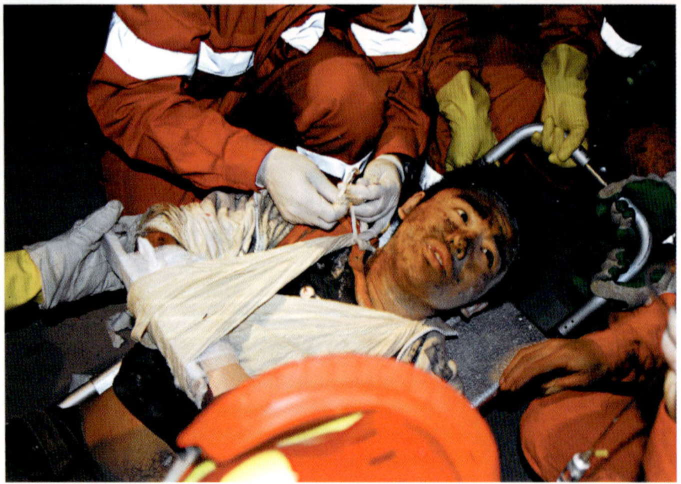

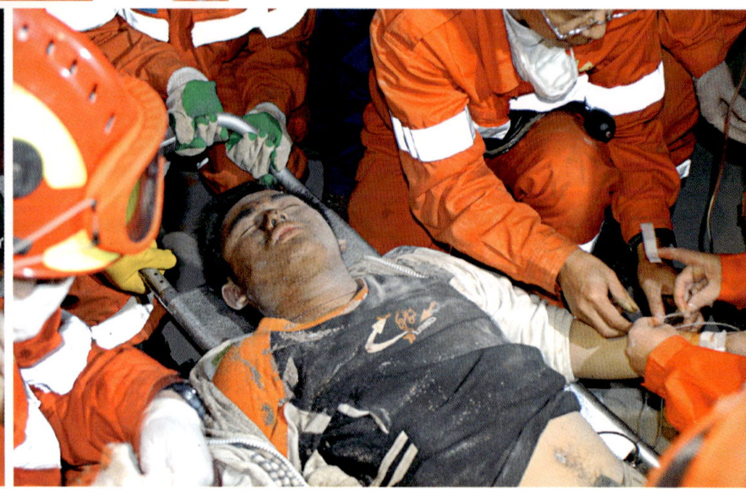

1. 用木板制作简易的夹板固定受伤的腿

2. 成功地救出了“可乐男孩”和马晓凤，大家欢欣鼓舞

3. 队友情深

1 2
3

1. 席地就餐
2. 灾难面前，素不相识的人走到了一起
3. 深夜的东汽中学救援现场

1
2
3

1. 向媒体介绍救援进展 1
2. 救援队员把自己的食物和水送给灾区群众 2

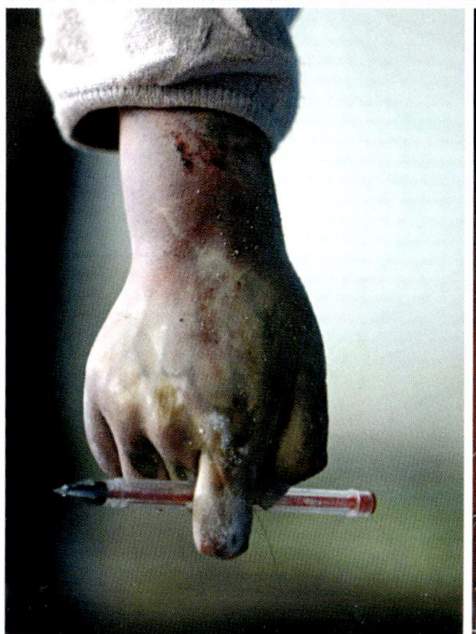

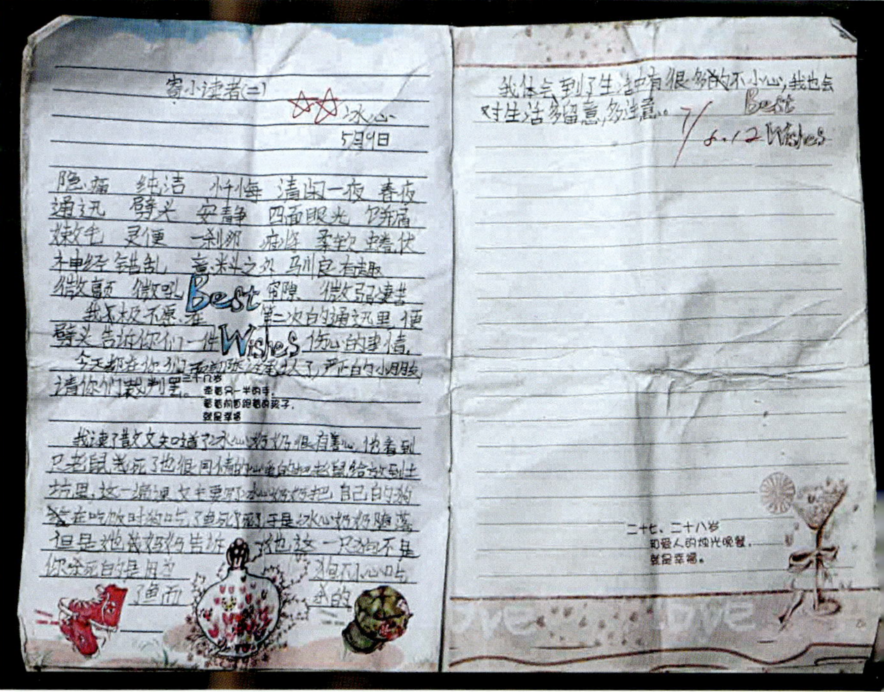

1. 亲人在期待

2. 东汽中学一遇难女学生手中紧握着笔

3. 给未归亲人的留言

4. “考重点、冲名牌”依然悬挂在残垣断壁上

5. 最后的日记

期盼，呼唤

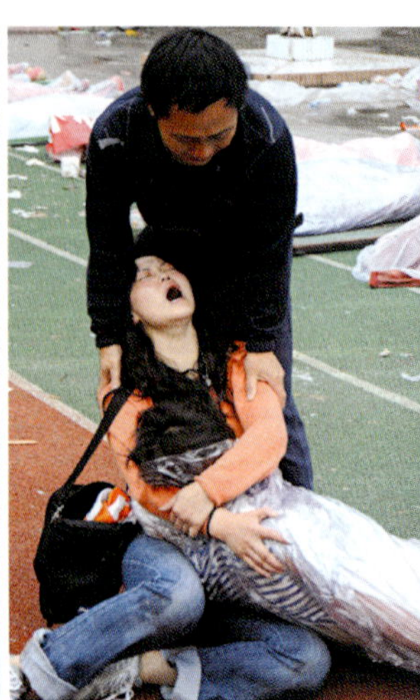

汶川县映秀镇救援

Wenchuan Xian Yingxiu Zhen jiuyuan

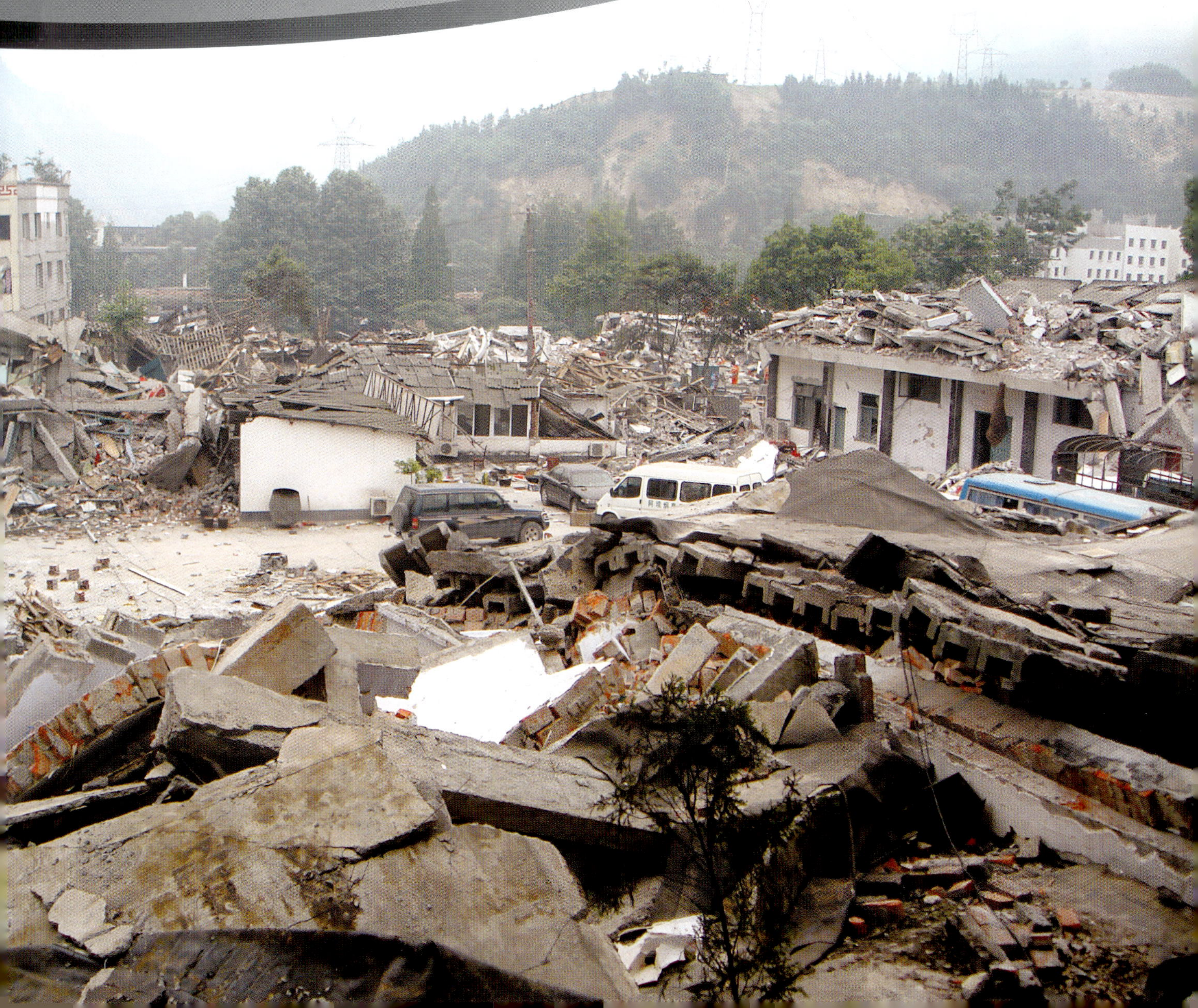

5月15日上午，国家救援队按照国务院抗震救灾总指挥部的指令派出40人分队携带搜救犬和轻型装备奔赴汶川县映秀镇。

15日下午，国家救援队映秀分队乘坐的直升机降落在映秀镇。他们克服重重困难，先后在映秀镇营救出4名受困者。

1. 5月15日，国家救援队40人分队乘直升机转战至汶川县映秀镇
2. 必胜的信念
3. 前往映秀镇的直升机上

1. 火速赶往救援现场

2. 跋山涉水

3. 翻山越岭

在自身人员十分紧张的情况下，国家救援队映秀分队派出技术骨干携带搜救犬为上海、山东、江西等救援队提供幸存人员搜索定位、营救方案制定等技术指导，共搜索确认了10名受困者。

此外，国家救援队冒着余震和山体滑坡的危险从武警映秀中队武器库的废墟中清理出76支枪、数千发子弹和35把匕首，消除了一个重要的安全隐患。

1. 翻越巨石
2. 紧急部署
3. 队员钻进废墟中进行搜索

1
2
3

1. 指挥若定

2. 生命探测

1. 定位搜索

2. “战友”

1. 搜索
2. 夜间搜索
3. 清除障碍(一)
4. 清除障碍(二)

营救女教师董晓红

1. 生命的接力

2. 翻越废墟

3. 董晓红的哥哥在电视上看见妹妹获救，连夜翻山前来感谢国家救援队

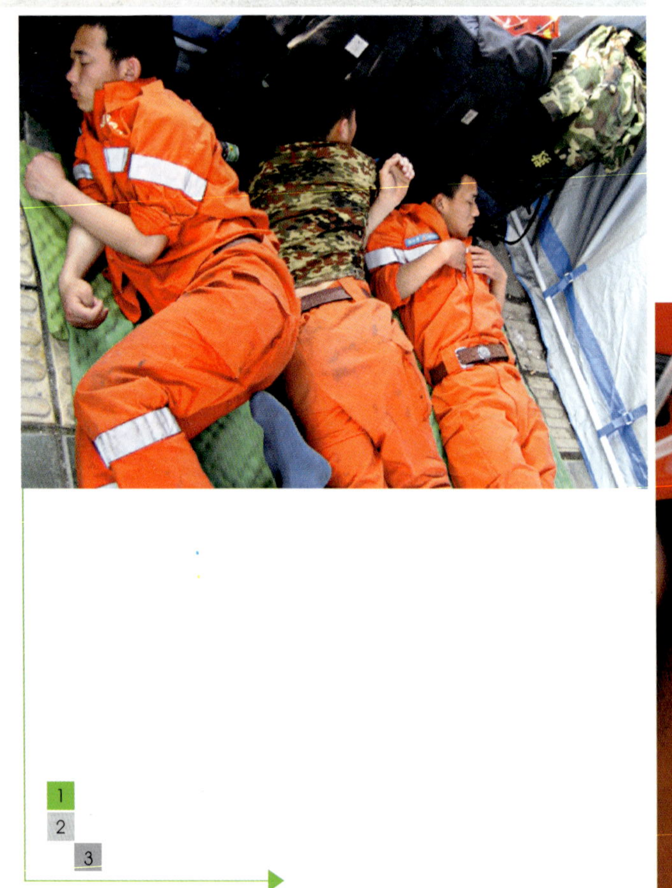

1. 5月19日，国家救援队映秀分队为遇难者默哀
2. 太累了
3. 救援队员稚嫩的脸上透出坚毅

北川县救援

Beichuan Xian jiuyuan

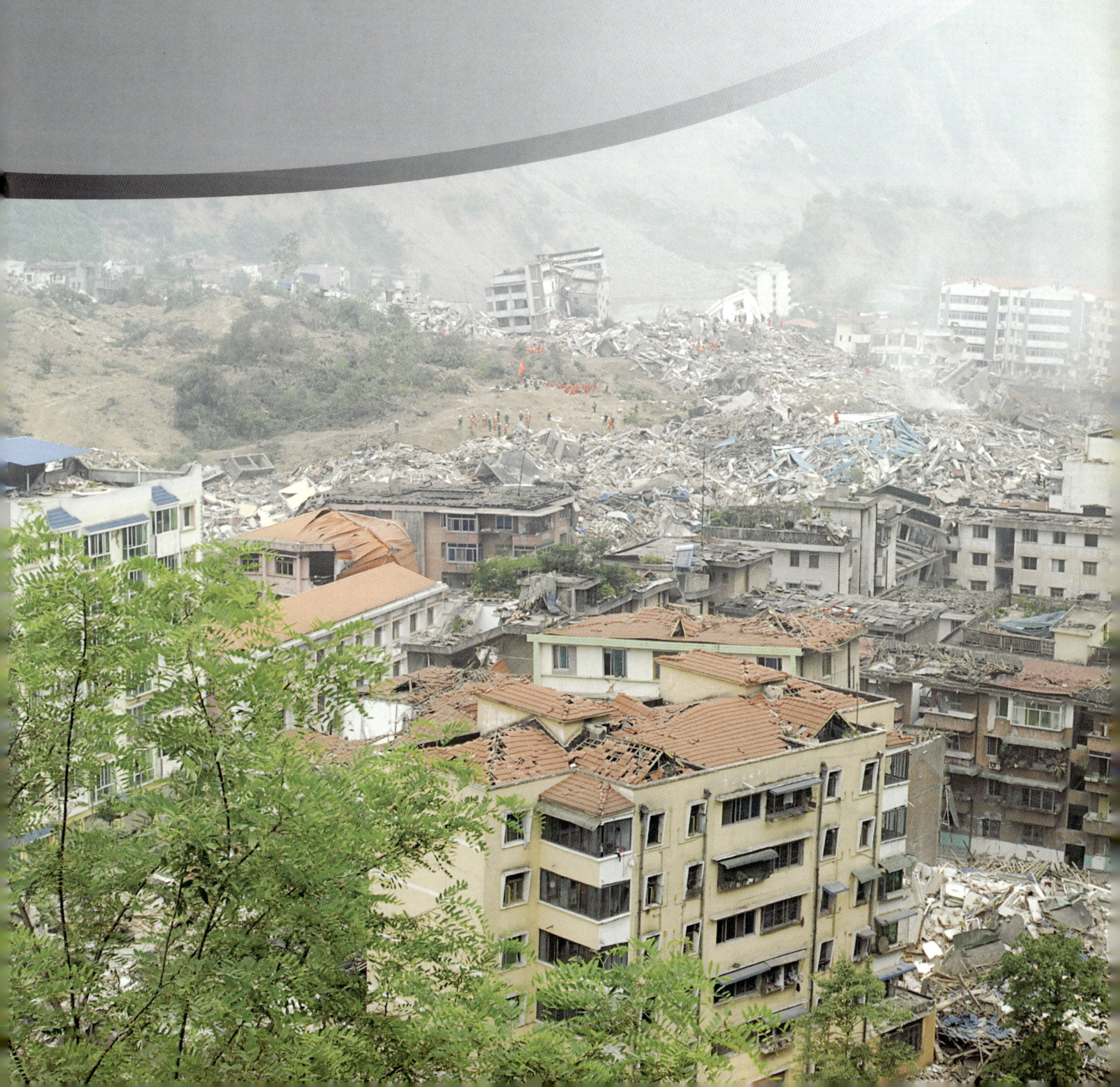

5月16日16时10分，按照国务院抗震救灾总指挥部指令，国家救援队转战至重灾区北川县。

国家救援队分为两个分队6个小组，进入北川县城新城区开展拉网式搜索，在北川税务招待所发现并营救出一位深度昏迷的老者。

5月19日，李克强副总理亲临北川县视察指导救援工作。

1. 李克强副总理在北川现场指导救援工作
2. 研究部署北川的救援行动
3. 布置救援工作

1. 急行军

2. 跋涉

3. 救援现场

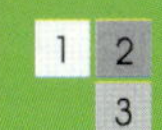

19日上午10时30分，国家救援队在北川县城老城区菜市场成功营救出61岁的李明翠老人。在被救出废墟后，她操着浓重的四川方言清楚地说道："共产党万岁，谢谢救命恩人！"此时距汶川大地震发生已整整164个小时，这也是所有在北川实施营救行动的救援队救出的最后一名幸存者。

19日下午14时28分，所有国家救援队队员为汶川大地震遇难者集体默哀3分钟。

1. 现场分析
2. 现场人工搜索
3. 切割钢筋

1
2
3

拉网式搜索

决不放弃

1. 仔细搜索(一)
2. 仔细搜索(二)
3. 研究施救方案
4. 进入废墟深处

1. 密布的钢筋
2. 拆除障碍物
3. 连接液压管

1. 破拆
2. 打开通道
3. 联合施救
4. 制定施救方案

1. 现场研究
2. 寻找
3. 夜间勘查

1
2
3

1. 锲而不舍

2. 清理现场

CHIN

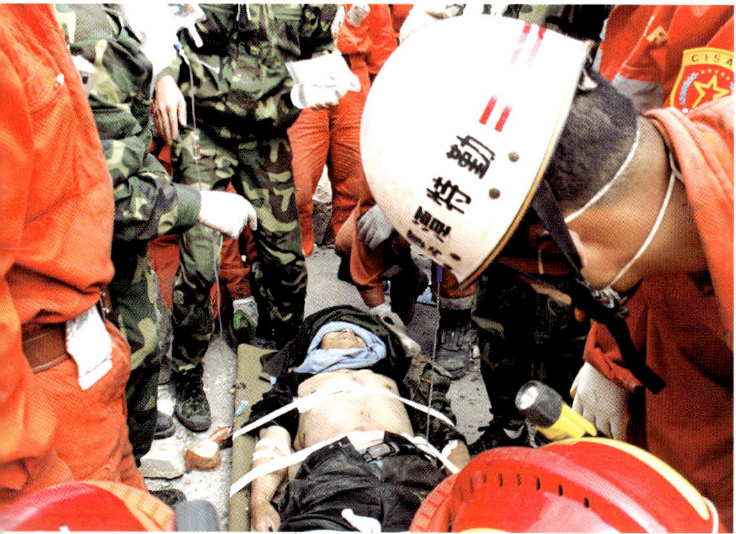

1. 北川税务招待所深度昏迷的老者被救出
2. 紧急转移幸存者
3. 发现 164 小时幸存者李明翠
4. 李明翠老人被救出

转移李明翠老人

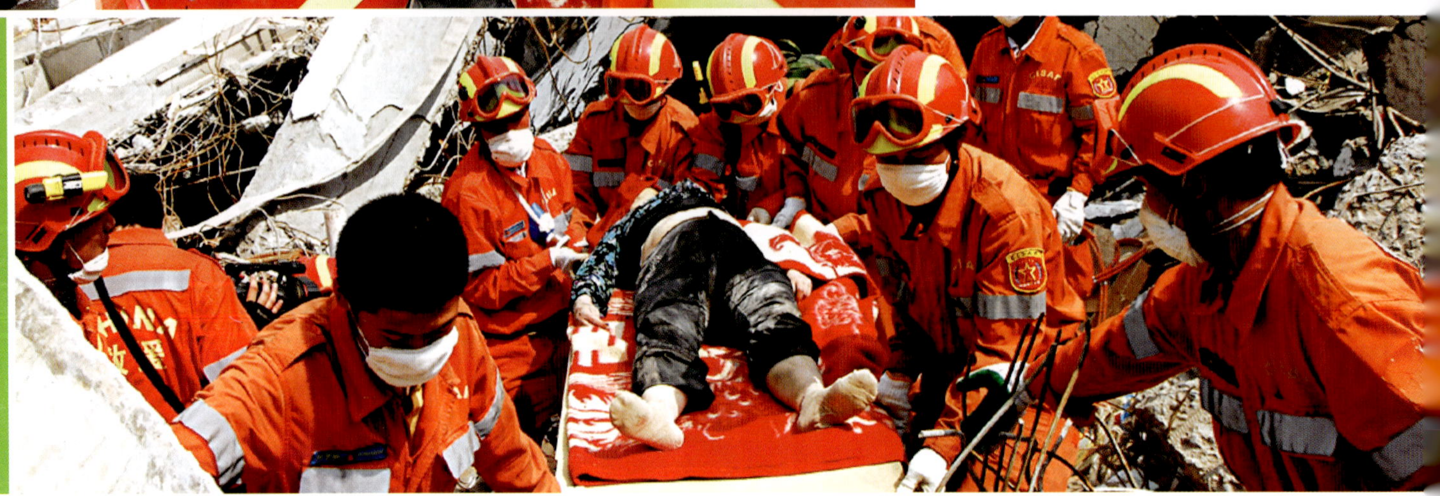

1. 救援间隙补充体力
2. 5月20日，中国地震应急搜救中心主任吴建春受中国地震局委托慰问国家救援队，并宣读中央国家机关工委的慰问信
3. 国家救援队北川营地

为汶川大地震遇难者默哀

医疗和保障

Yiliao he baozhang

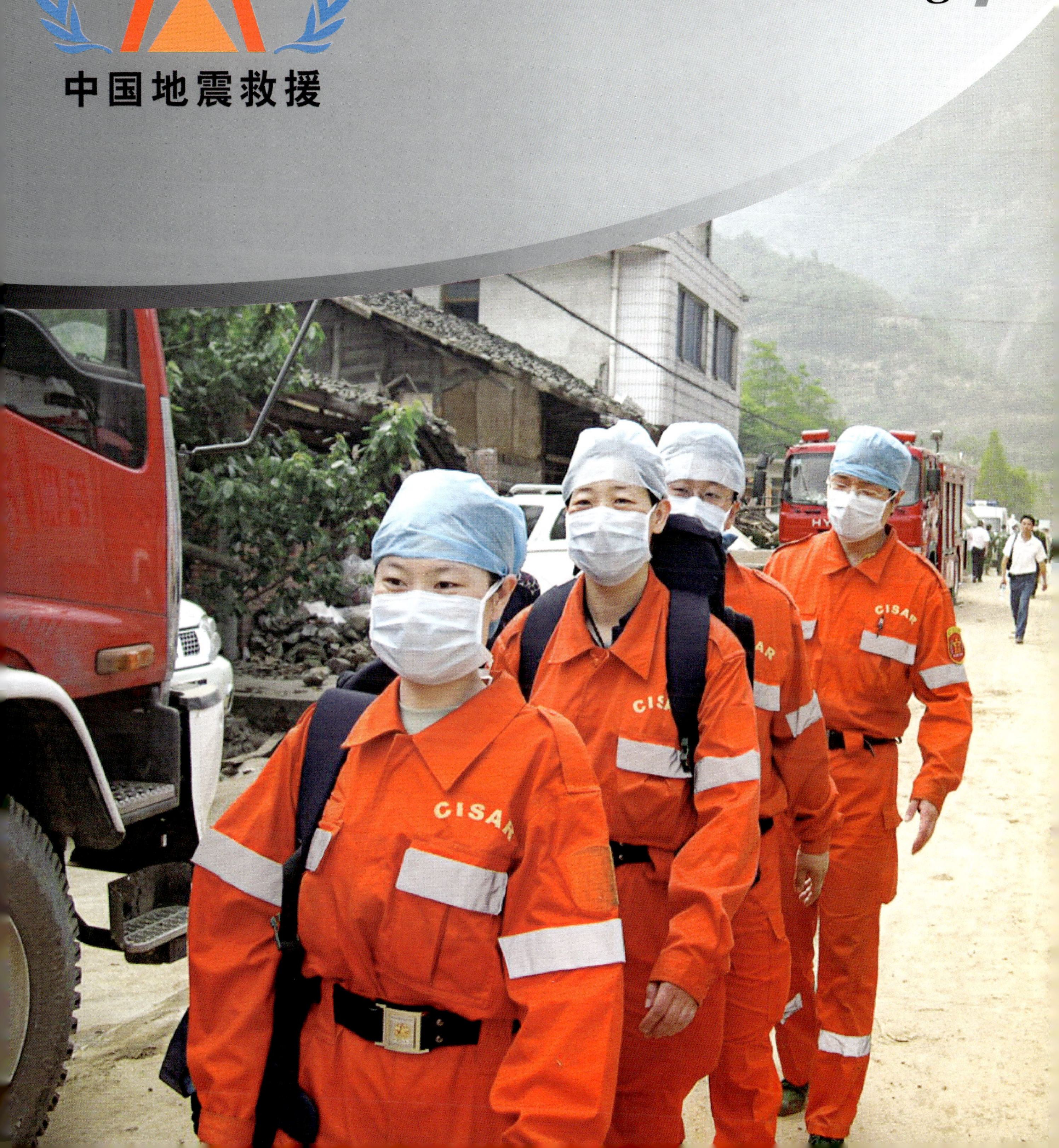

在整个灾区的救援行动中，国家救援队医疗分队共在倒塌的废墟现场紧急救治 49 名幸存者，均安全护送到后方医院；

巡诊救治灾区伤病员 2105 余人，救援队员 268 人次，其中手术 80 余人次，内科危重病 15 人次，对两例疑难病例进行远程会诊，超声检查 20 人次；

累计消毒喷洒营区、现场 18000 平方米；

发放卫生防疫知识传单 3000 余张，心理疏导救援队员和灾区群众 180 人次。

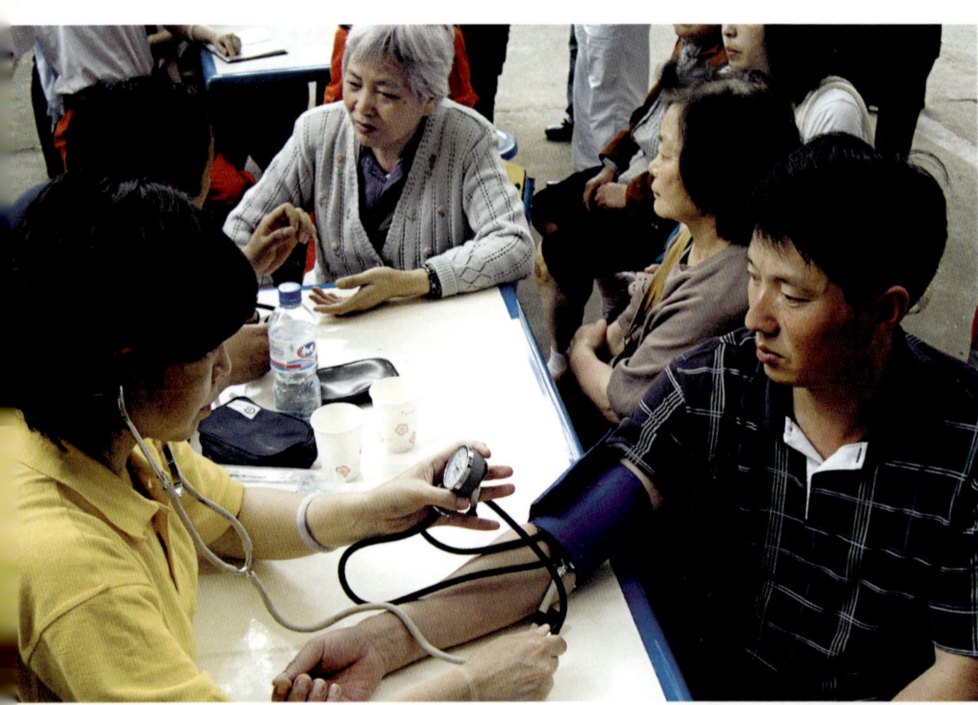

1. 为灾民巡诊
2. 为救援队员诊治
3. 开设医疗点

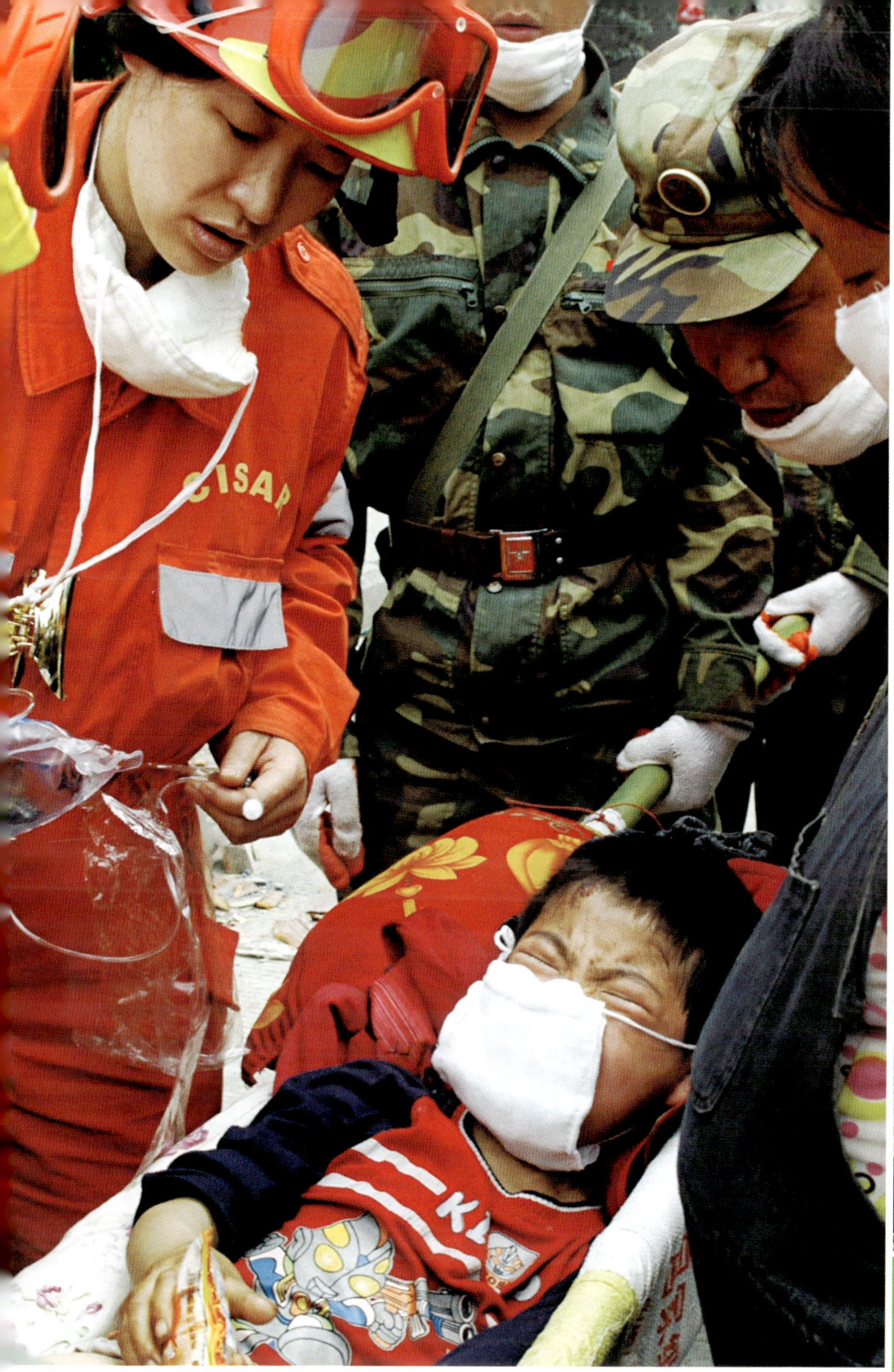

1. 救治伤员
2. 现场防疫
3. 紧急处置

5 月 12 日晚，成都军区某部紧急调遣 35 名官兵和 20 余辆军用运输车组成后勤保障队伍，与国家救援队会合后星夜兼程赶赴灾区，为国家救援队提供后勤保障，直至紧急救援行动结束。

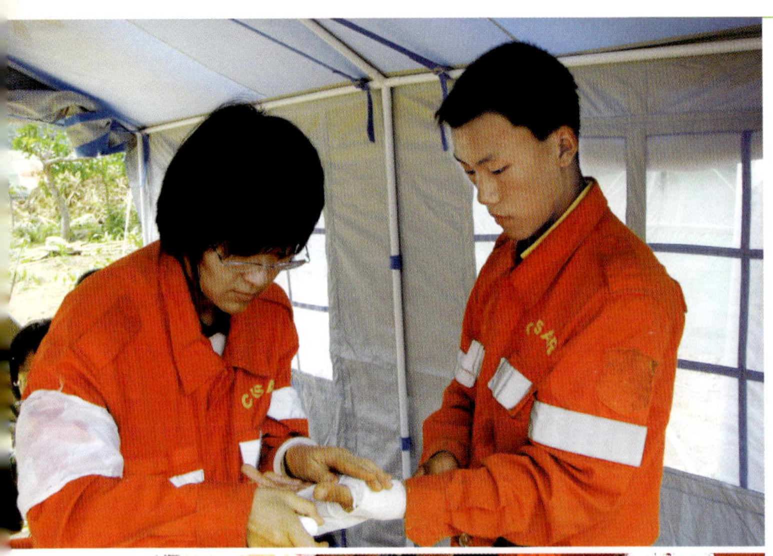

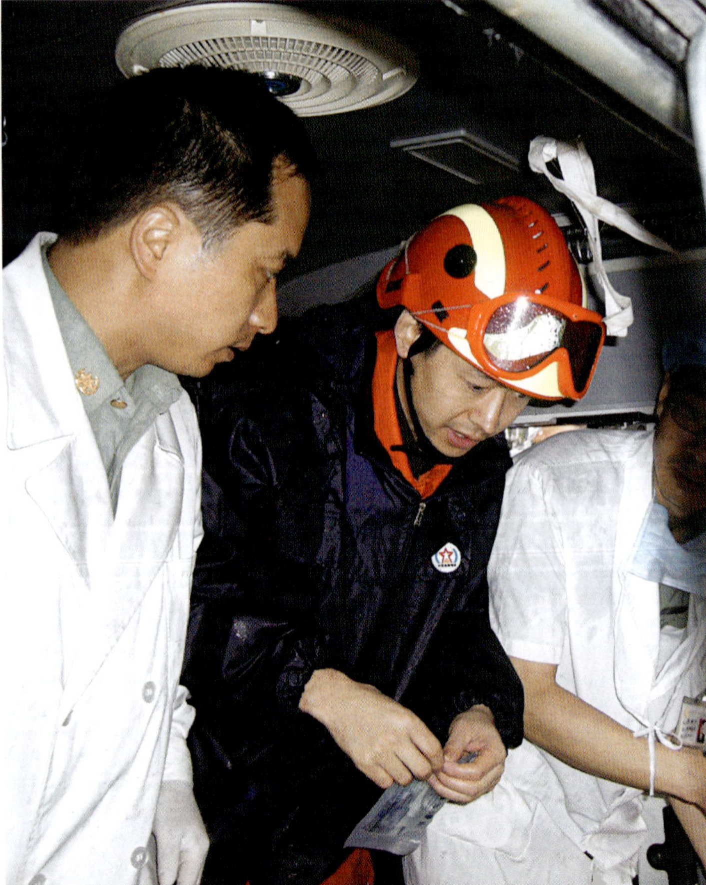

1. 换药
2. 为小女孩医治
3. 商讨救治方案

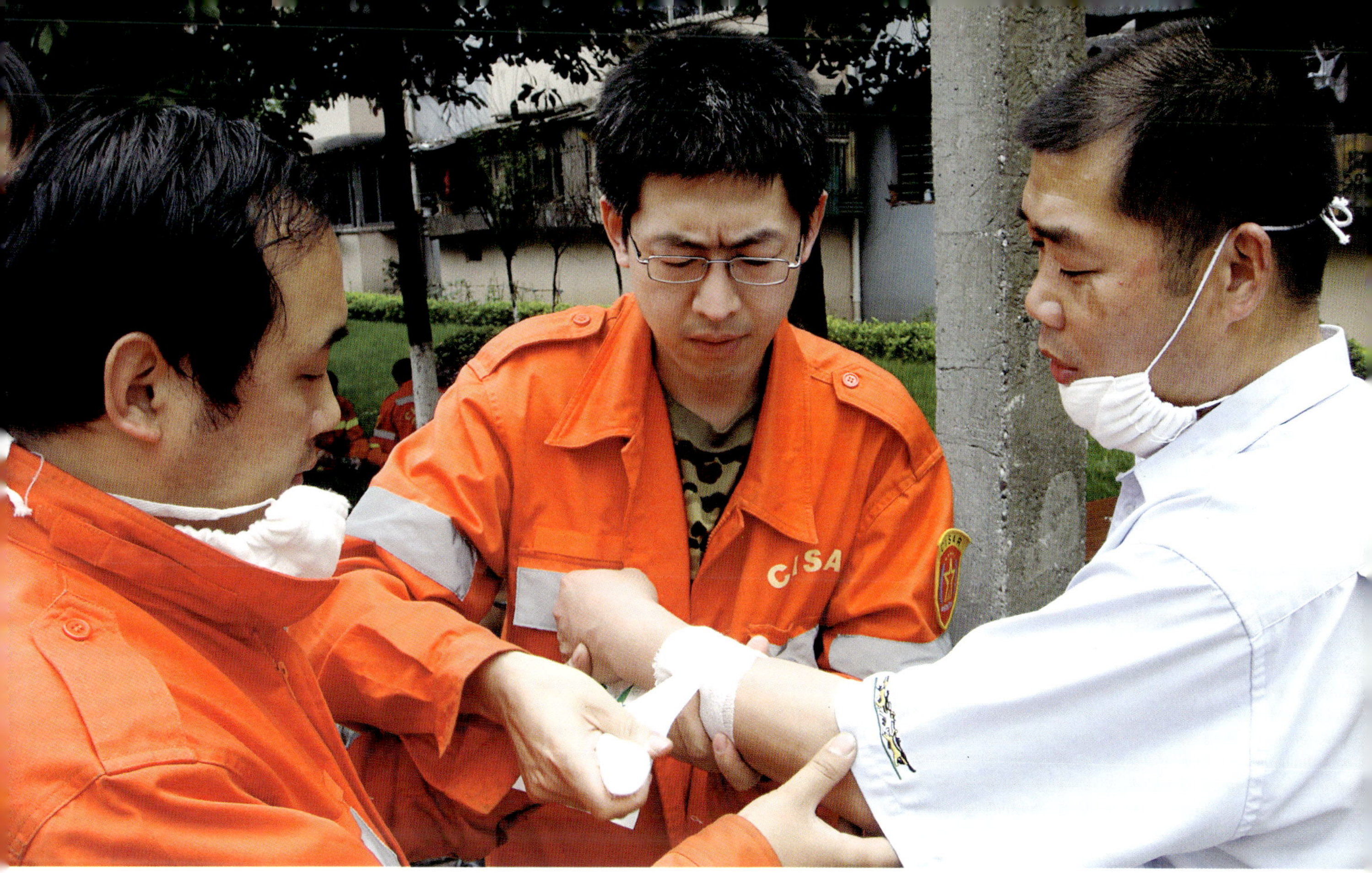

1. 为志愿者提供医疗服务

2. 为行人消毒

1
2

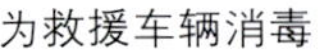

为救援车辆消毒

1 2
3 4

1. 为驻地特警消毒
2. 为从救援现场归来的队员消毒（一）
3. 为从救援现场归来的队员消毒（二）
4. 为帐篷消毒（一）

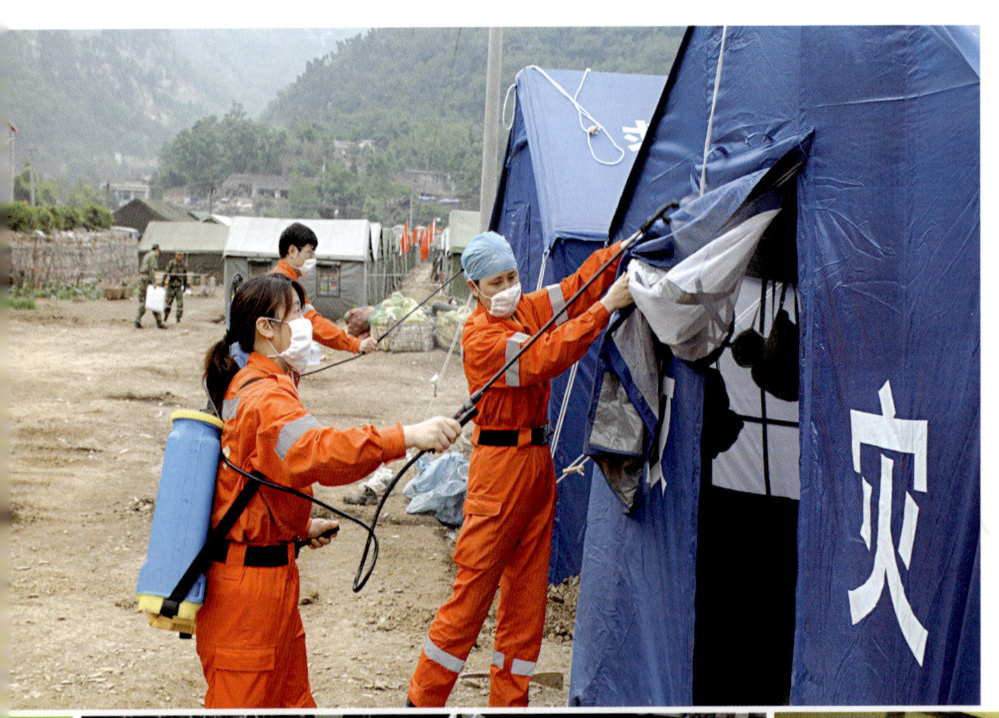

1 2 3

1. 为帐篷消毒(二)
2. 节约用水
3. 一封家书

营地就餐

省级救援队

Shengji jiuyuandui

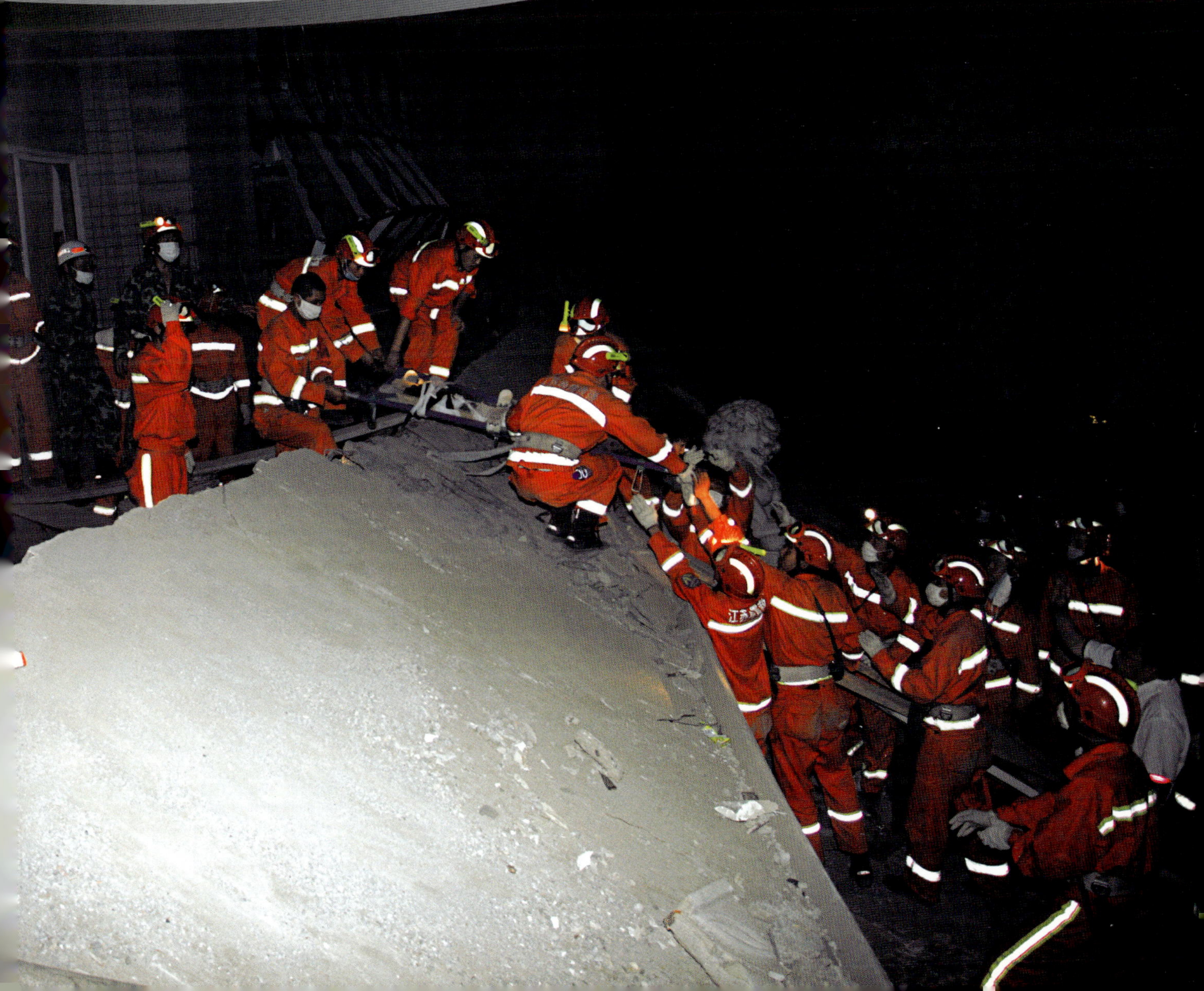

汶川8.0级地震发生后，各省地震救援队迅速作出反应，从四面八方奔赴灾区，并在救援工作中发挥了不怕牺牲、顽强拼搏、团结协作的精神，共在灾区成功救出322名幸存者。

1
2 3

1. 反复搜索（四川省救援队）
2. "放心，有我们在你就安全！"（重庆市救援队）
3. 彻夜营救（江苏省救援队）

1. 5月15日，中国地震局局长陈建民在北川救援现场
2. "慢，再慢点儿！"（江苏省救援队）
3. 救援队员模拟被埋压幸存者状态（江苏省救援队）

1. 在茶坪乡搜救被埋压人员（山西省救援队）
2. 转移获救的幸存者（山西省救援队）
3. 山西省救援队在重山峻岭中开辟出一条转移3万人的“生命线”。队员正在搀扶孕妇下山

1
2
3

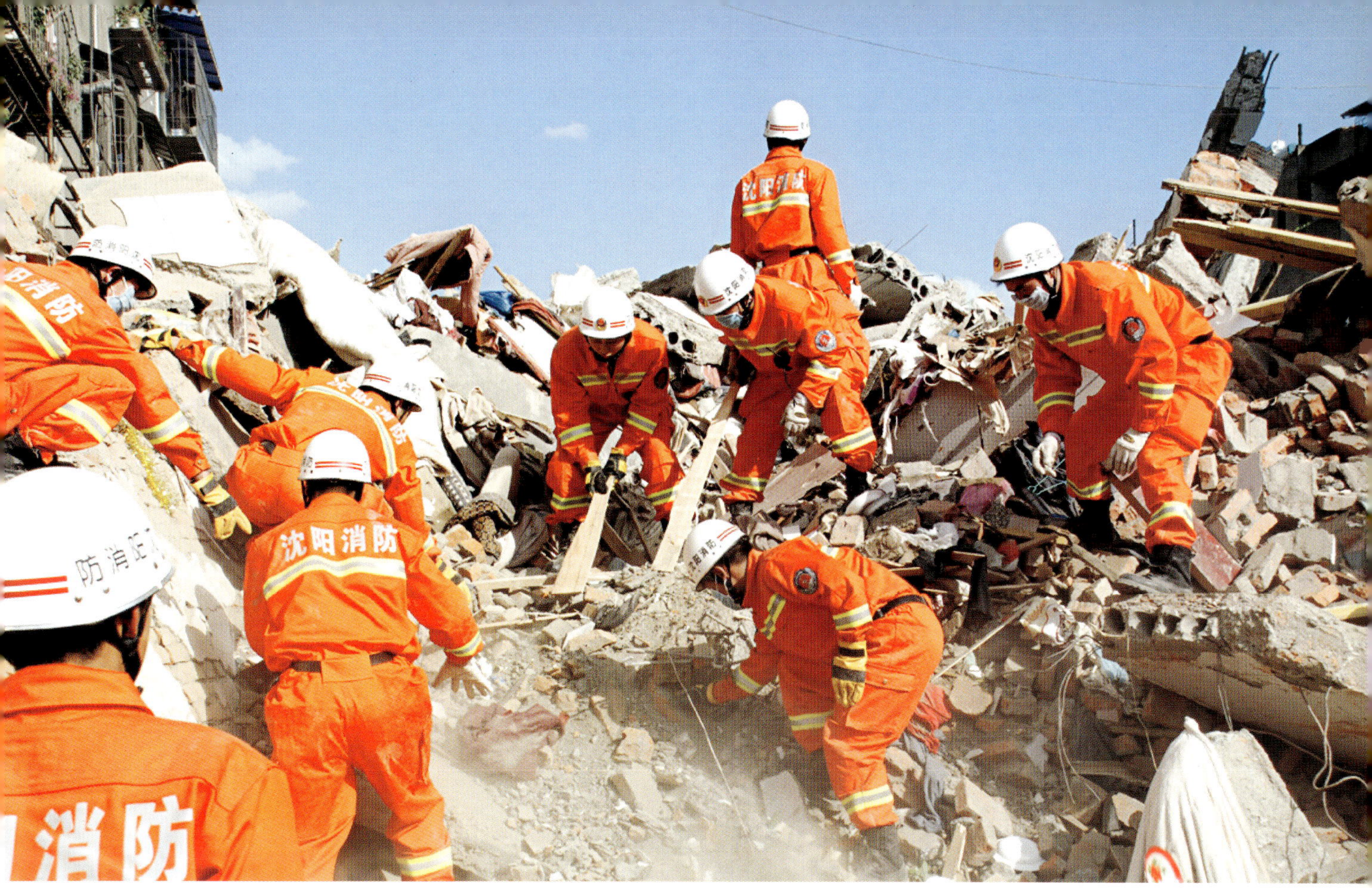

1. 在青川县蚕丝厂家属楼实施救援（辽宁省救援队）
2. 在青川中医院 15 分钟内救出的 54 岁幸存者李秀兰（辽宁省救援队）

1
2

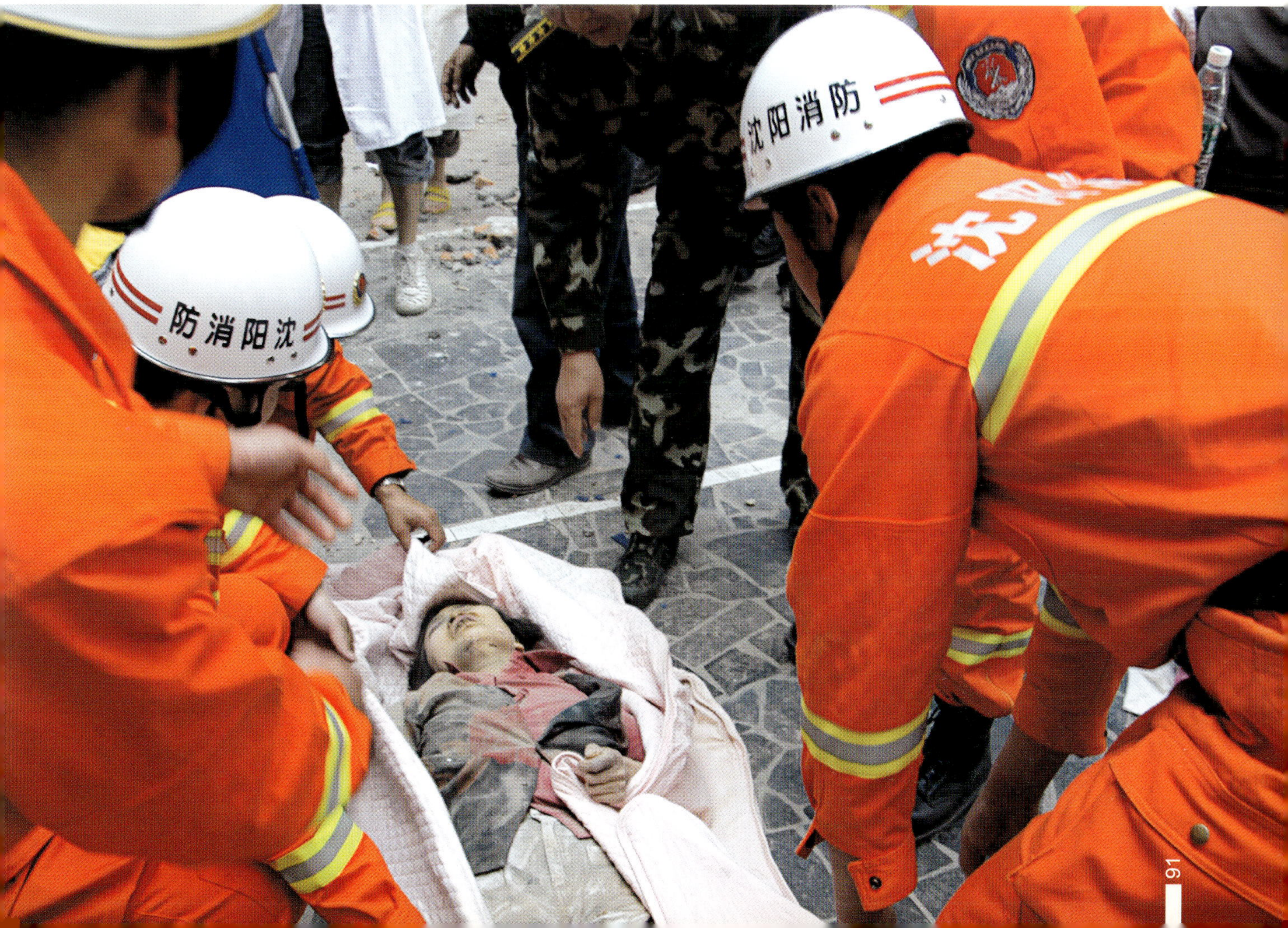

1. 搜救进行中（辽宁省救援队）
2. 搜寻生命（陕西省救援队）
3. 用切割机打开施救通道（陕西省救援队）

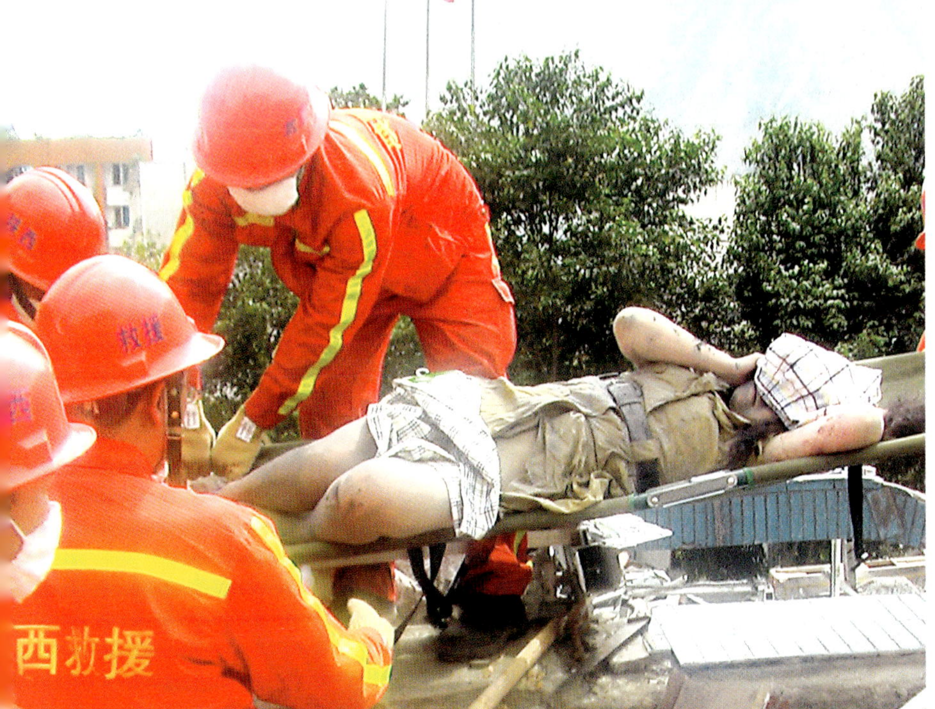

1. 安全转移（陕西省救援队）

2. 中国地震局局长陈建民在北川救援现场慰问被救人员（海南省救援队）

3. 5月13日晚，地震工程专家对海南省救援队进行战前指导

4. 海南省救援队成功救出北川中医院医生谢守菊

1. 高空施救（海南省救援队）
2. 深入废墟（海南省救援队）

1
2

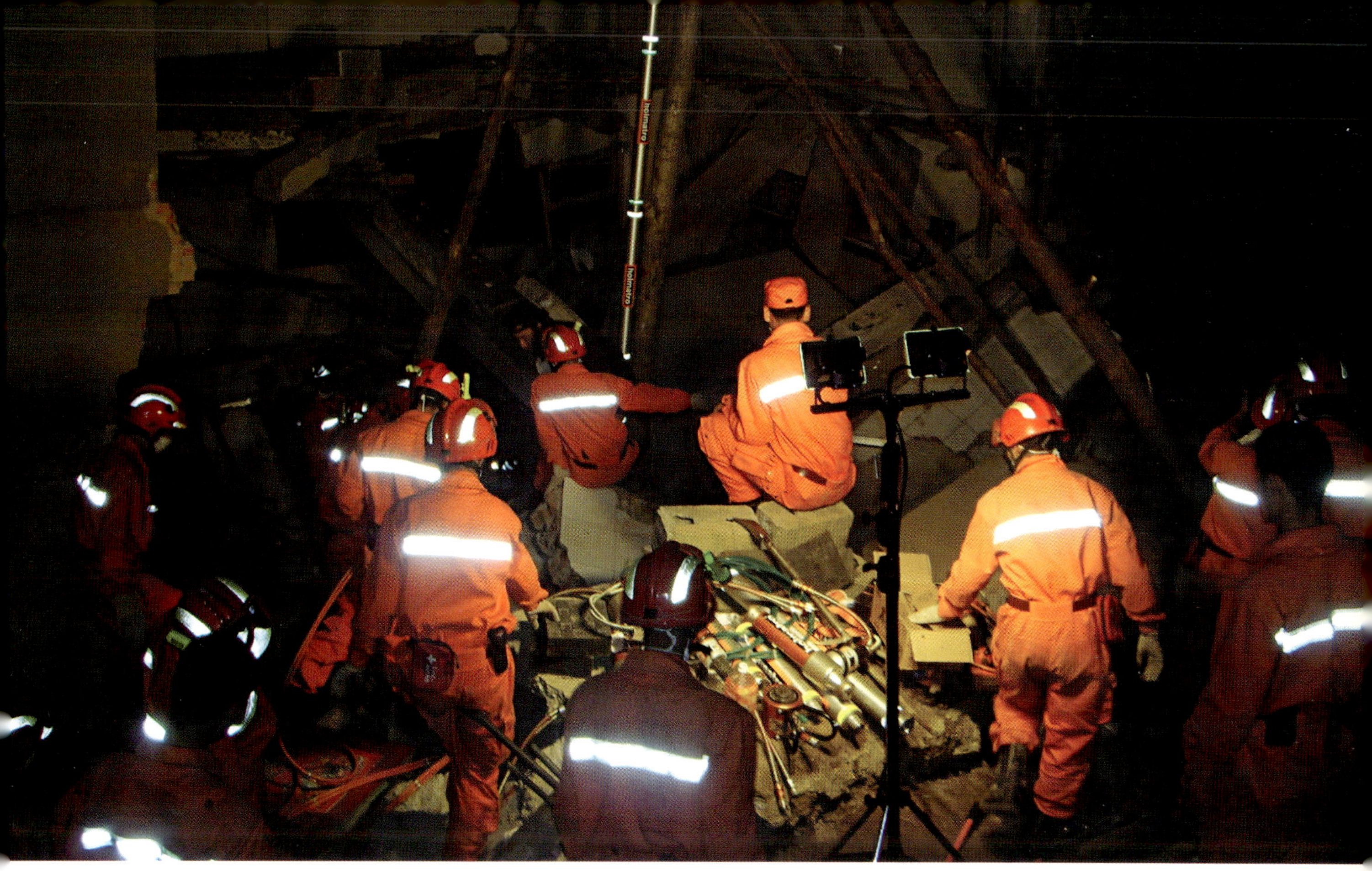

1. 液压顶撑（云南省救援队）

2. 对废墟中幸存者进行现场救治（云南省救援队）

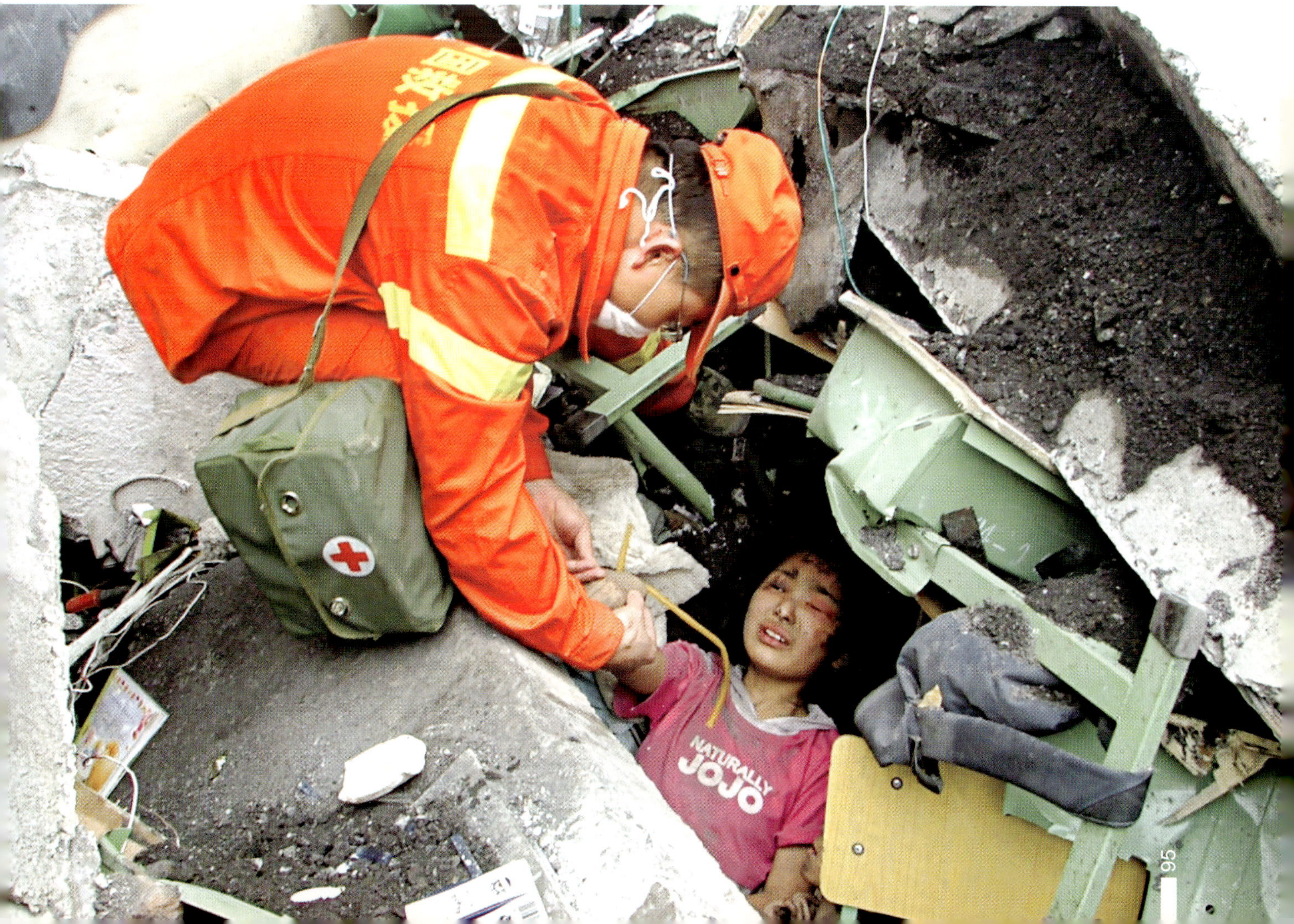

1. 孩子别怕!(云南省救援队)
2. 齐心协力 (云南省救援队)
3. 救出映秀中心小学学生李秋蔓
(上海市救援队)

1. 交接转移（上海市救援队）
2. 生命的搜索（山东省救援队）
3. 紧张作业（山东省救援队）
4. 小心谨慎（山东省救援队）

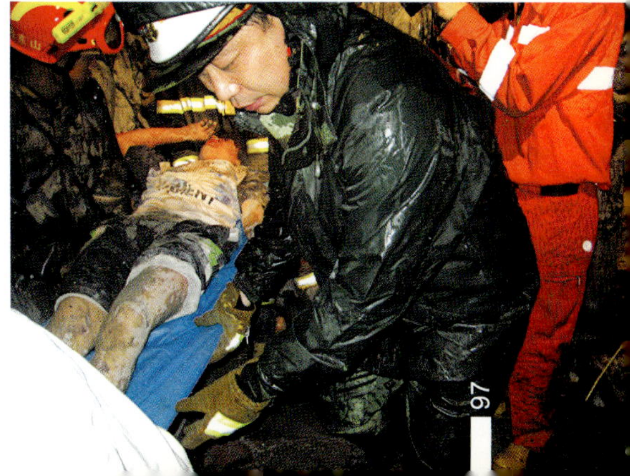

1. 浙江省救援队在铲斗的掩护下在废墟中寻找生命
2. 安徽省救援队在清理现场

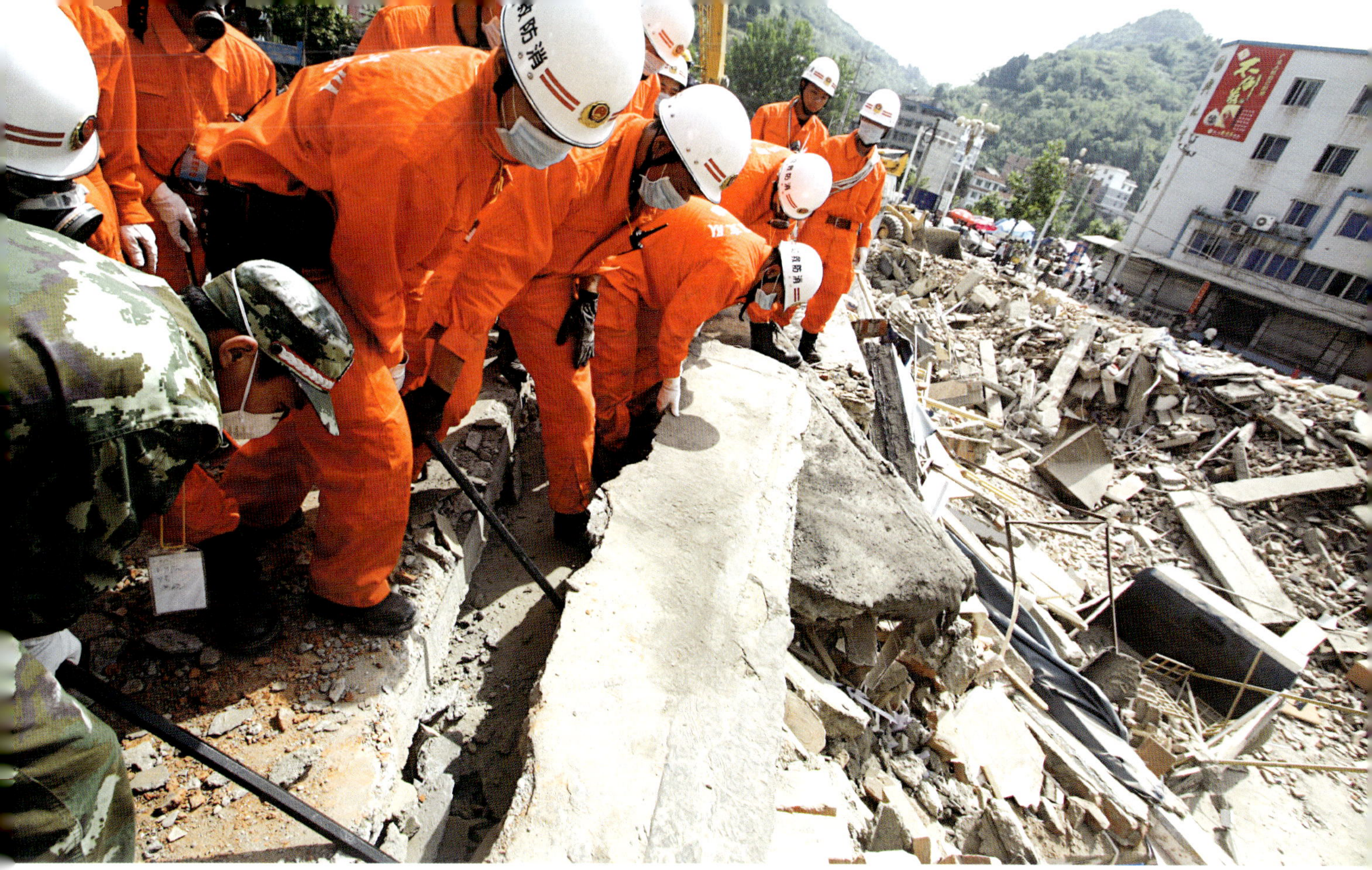

1. 齐心合力（福建省救援队）

2. 评估废墟（福建省救援队）

3. 决不放弃（黑龙江省救援队）

1
2 3

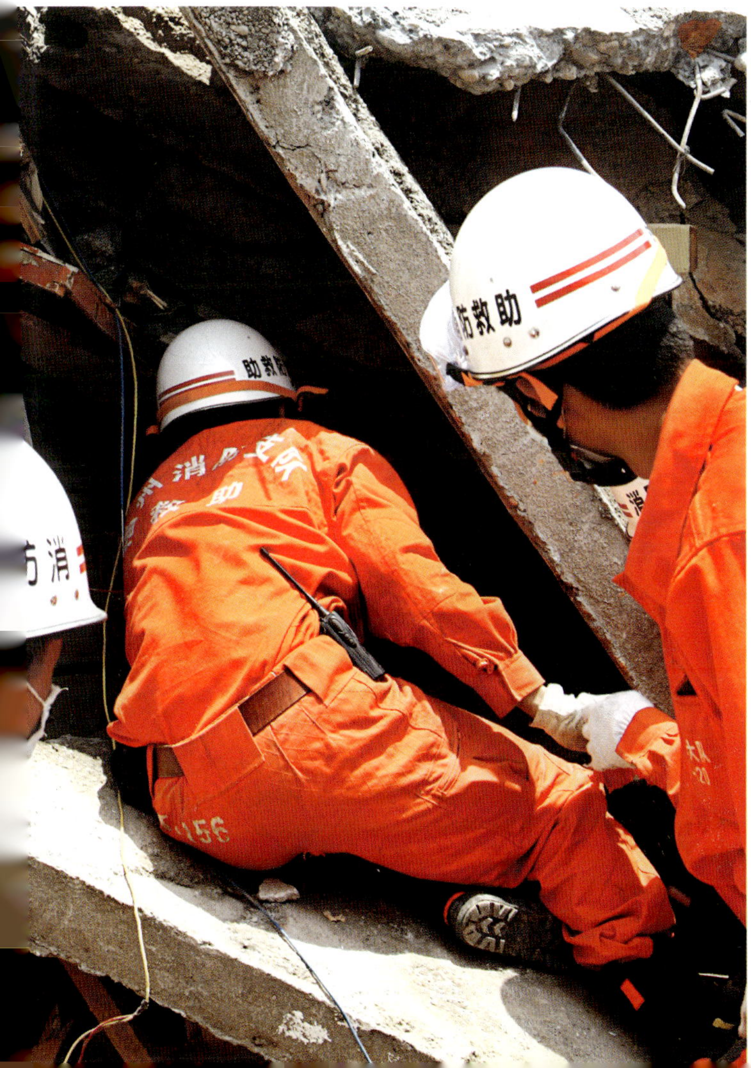

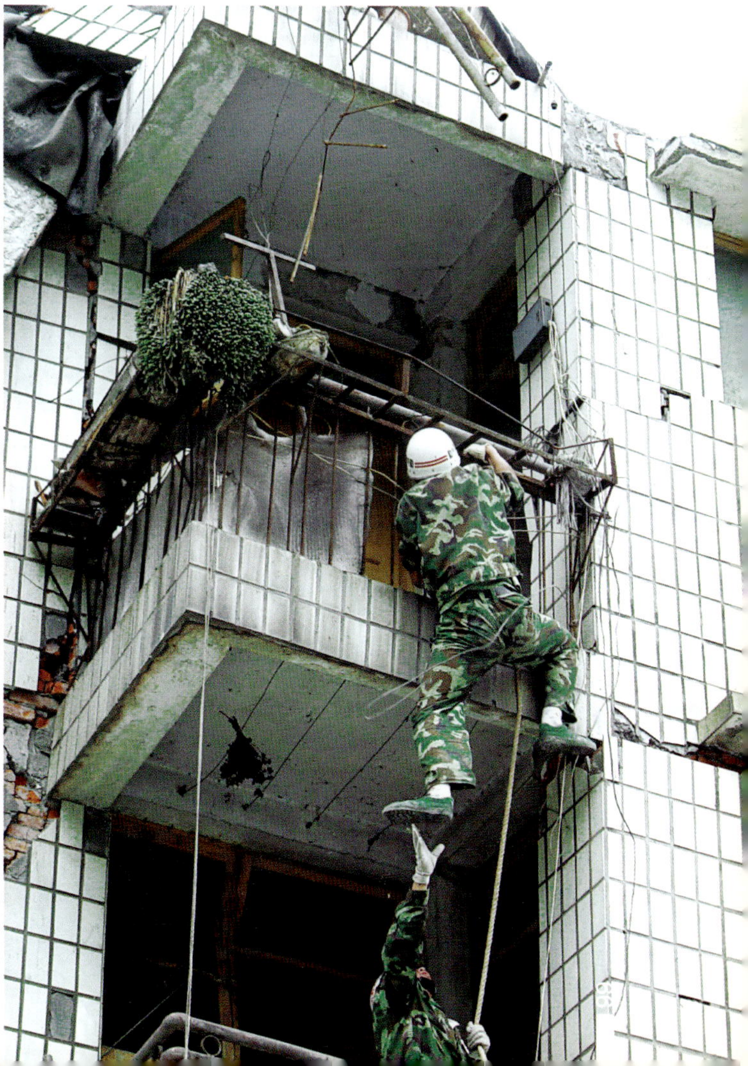

1. 妥善处置灾区泄漏的危险化学品（黑龙江省救援队）
2. "别担心，我们来救你！"（湖南省救援队）
3. 火线入党（湖南省救援队）

1
2
3
4

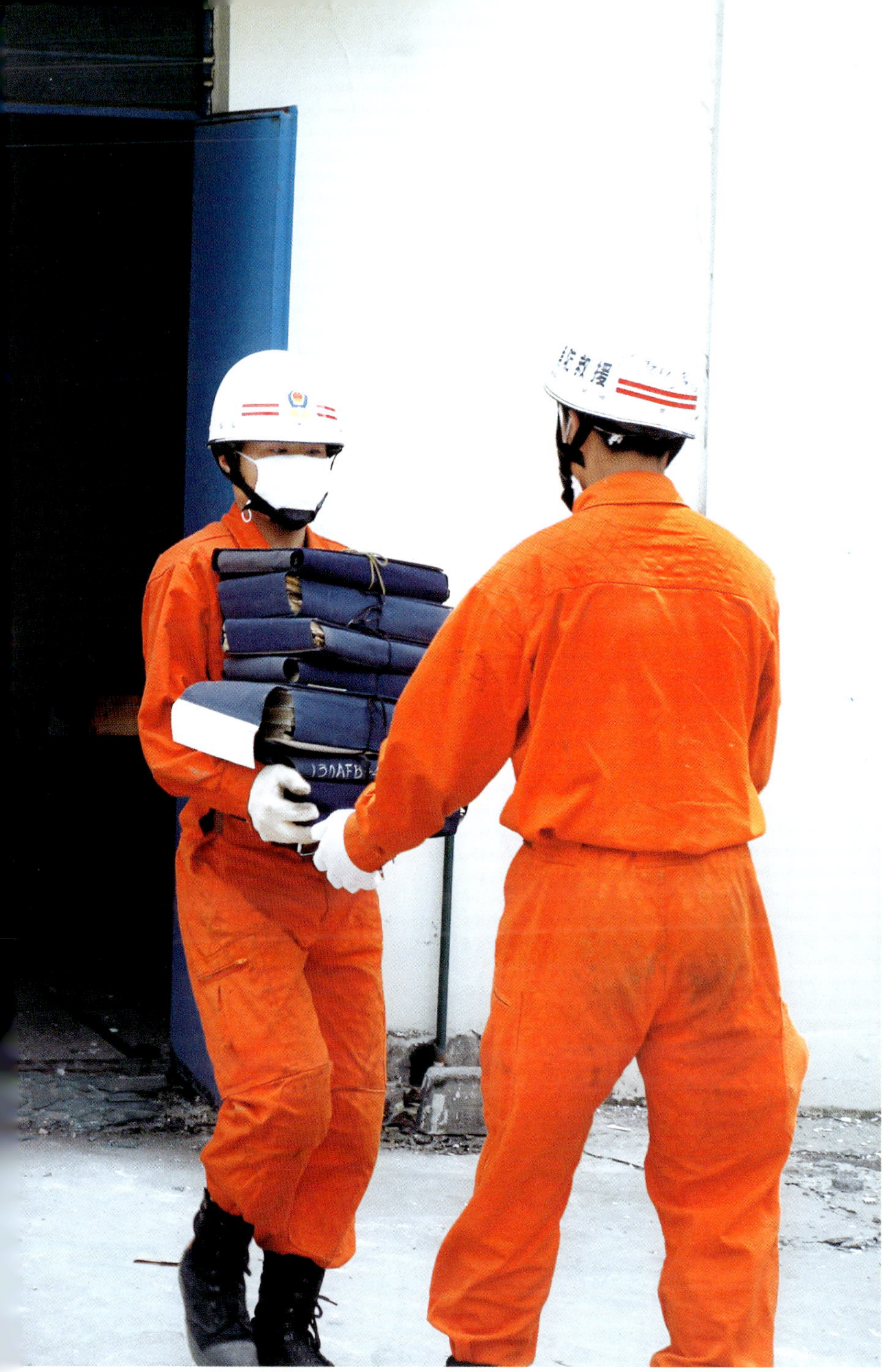

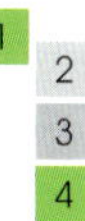

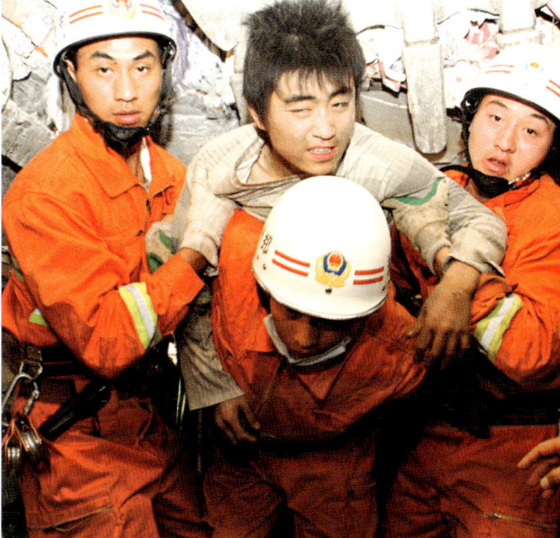

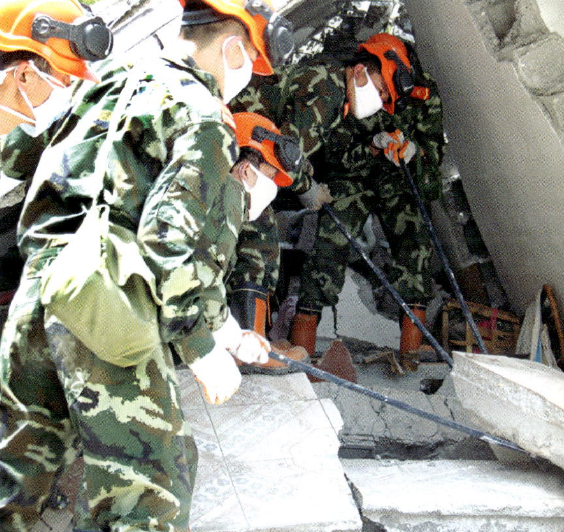

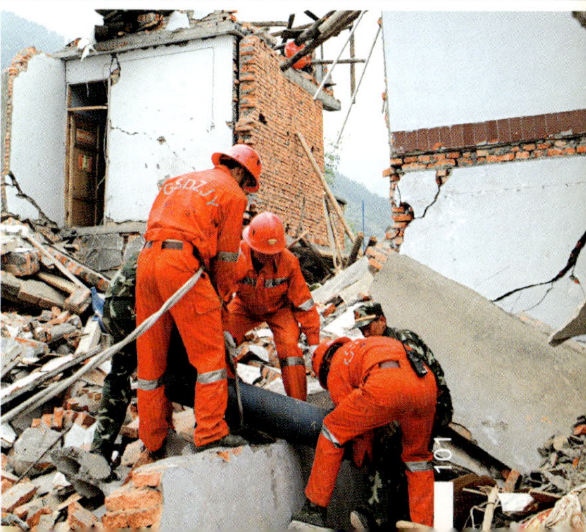

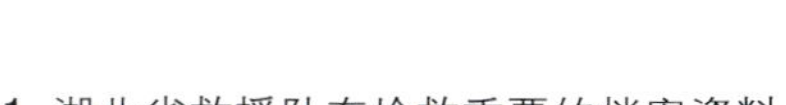

1. 湖北省救援队在抢救重要的档案资料
2. 有力的臂膀（河南省救援队）
3. 清理救援工作面（天津市救援队）
4. 甘肃省救援队在抢运氧气瓶

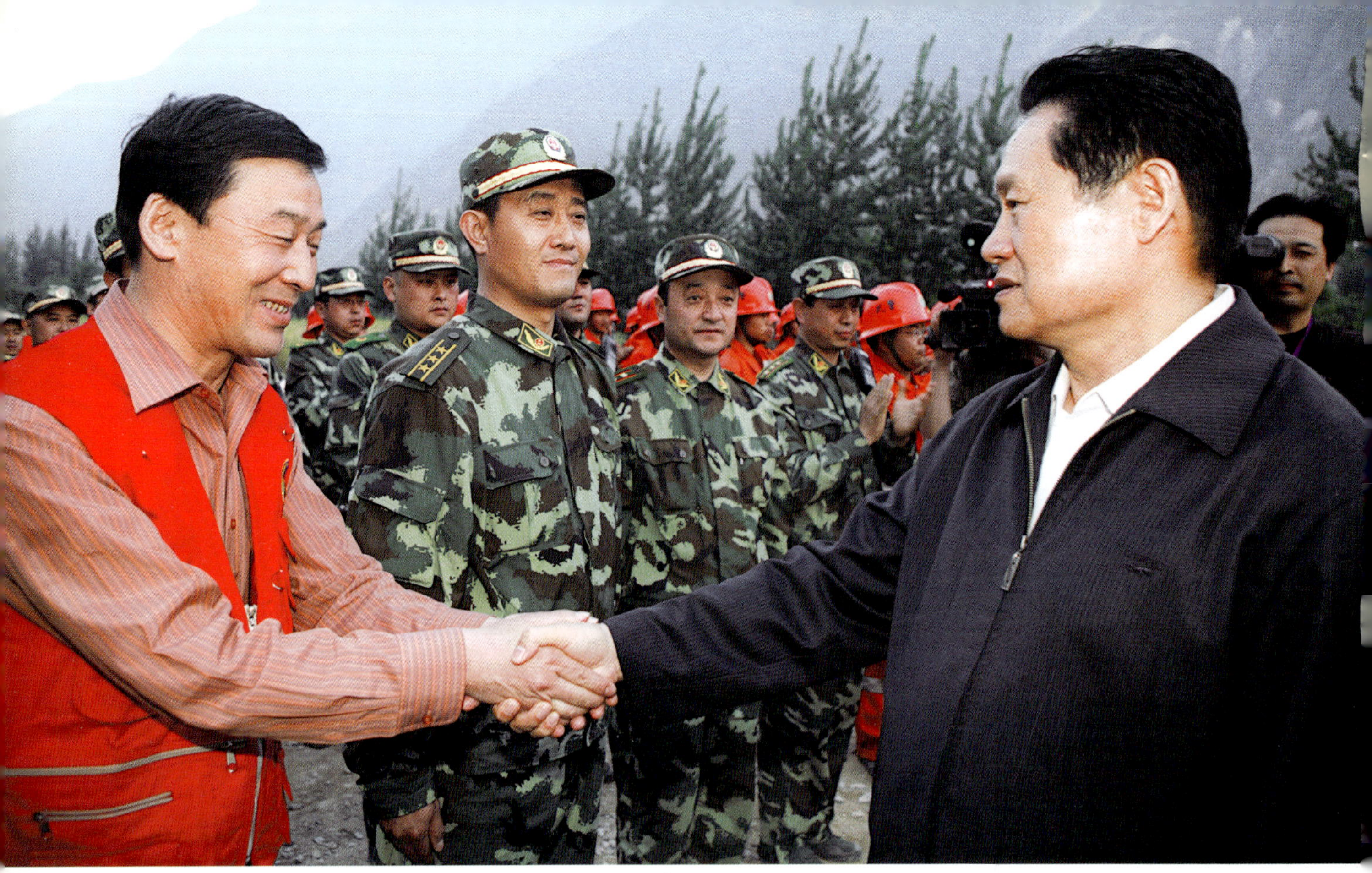

1. 中共中央政治局常委周永康看望甘肃省救援队官兵并作重要指示

2. 中共中央军委副主席徐才厚看望甘肃省救援队官兵并作重要指示

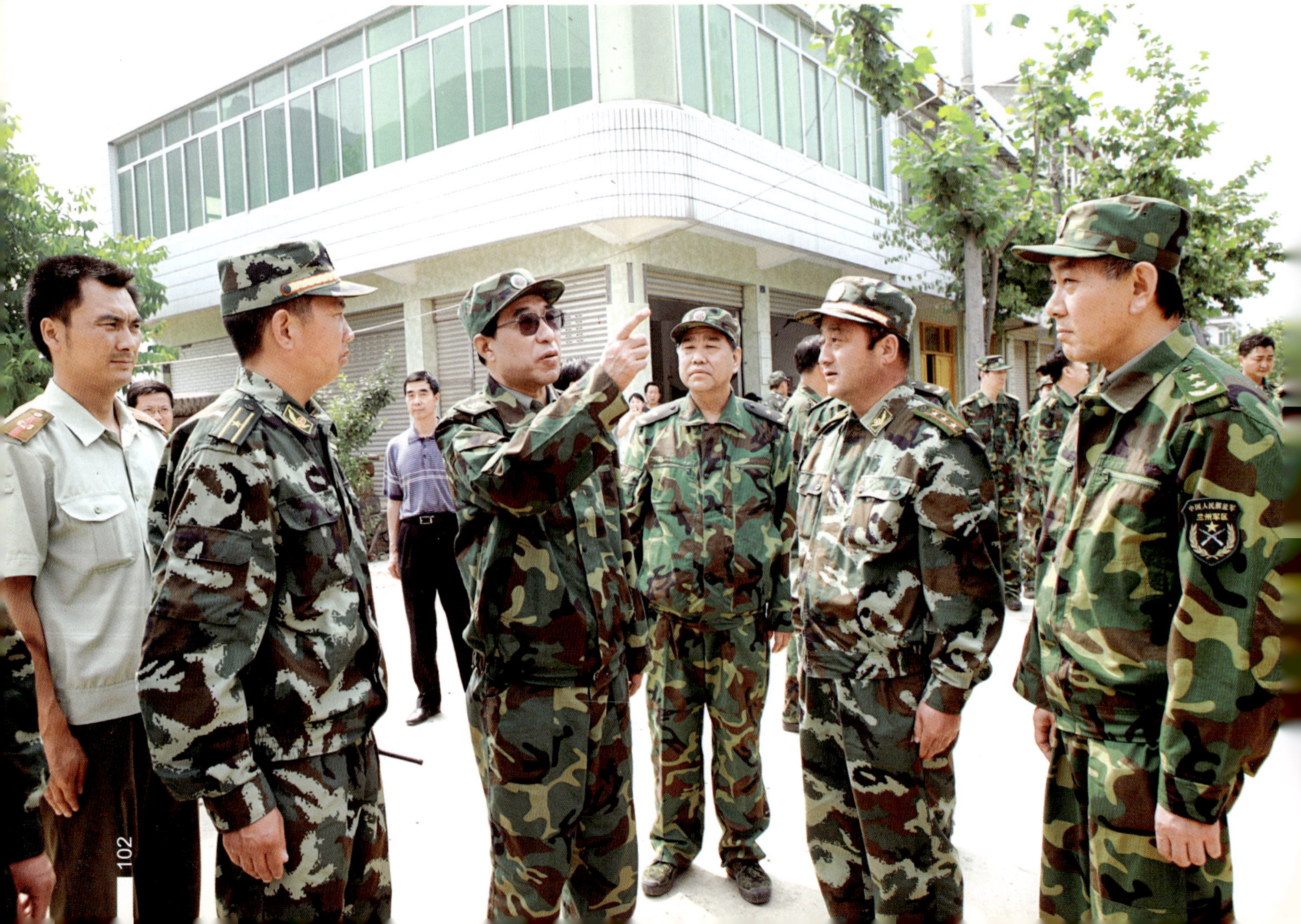